OBRAS POÉTICAS
de
ALVARENGA PEIXOTO

Organização
CAIO CESAR ESTEVES DE SOUZA

Apresentação
KENNETH MAXWELL

Prefácio
JOÃO ADOLFO HANSEN

Copyright © 2020 Caio Cesar Esteves de Souza

Direitos reservados e protegidos pela Lei 9.610 de 19 de fevereiro de 1998.
É proibida a reprodução total ou parcial sem autorização, por escrito, da editora.

Dados Internacionais de Catalogação na Publicação (CIP)
(Câmara Brasileira do Livro, SP, Brasil)

Obras Poéticas de Alvarenga Peixoto / organização Caio
Cesar Esteves de Souza; apresentação Kenneth Maxwell;
prefácio João Adolfo Hansen. – Cotia, SP: Ateliê Editorial,
2020. – (Coleção clássicos comentados / dirigida por Ivan
Teixeira (*in memoriam*), João Angelo Oliva Neto,
José de Paula Ramos Jr.)

ISBN 978-65-5580-022-7
Bibliografia.

1. Peixoto, Alvarenga, 1744-1793 2. Poesia brasileira
I. Souza, Caio Cesar Esteves de.   II. Maxwell, Kenneth.
III. Hansen, João Adolfo.   IV. Teixeira, Ivan.   V. Oliva
Neto, João Angelo.   VI. Ramos Junior, José de Paula.

20-50026   CDD-B869.1

Índices para catálogo sistemático:
1. Poesia: Literatura brasileira   B869.1

Cibele Maria Dias – Bibliotecária – CRB-8/9427

Direitos reservados à
ATELIÊ EDITORIAL
Estrada da Aldeia de Carapicuíba, 897
06709-300 – Cotia – SP – Brasil
Tel.: (11) 4702-5915
www.atelie.com.br | contato@atelie.com.br
facebook.com/atelieeditorial | blog.atelie.com.br

Impresso no Brasil 2020
Foi feito depósito legal

*A meus pais, Ana e Carlos, que acreditaram neste projeto
antes mesmo de ele existir.*

Sumário

APRESENTAÇÃO – *Kenneth Maxwell* *11*

Prefácio: UMA POESIA ÁRCADE DITA "MENOR": INÁCIO JOSÉ DE
ALVARENGA PEIXOTO E A POESIA LUSO-BRASILEIRA DOS SÉCULOS
XVII E XVIII – *João Adolfo Hansen* *13*

OBRAS POÉTICAS DE ALVARENGA PEIXOTO

LER E PRODUZIR ALVARENGA PEIXOTO NO SÉCULO XXI *33*

    Percurso *33*

    Disposição *36*

    Obra e Estilo Autoral *42*

    Original, Poema, Texto, Escritos, Inéditos *49*

    Corpus e Critérios *53*

Parte I. FONTES PRIMÁRIAS MANUSCRITAS

1. *FLORES DO PARNASO OU COLEÇÃO DE OBRAS POÉTICAS DE*
DIFERENTES AUTORES JUNTAS PELO CUIDADO DE I... N... T... M... . . . . . . *65*

    Galeria de Almeno *68*

        Retrato 1º de Armânia *68*

        Retrato 2º de Anarda *74*

        Retrato 3º de Josina *80*

        Retrato 4º de Filis *84*

        Retrato 5º de Nise *90*

        Retrato 6º de Filena *96*

2. *AUTOS DA DEVASSA DA INCONFIDÊNCIA MINEIRA* *103*

    Ode Incompleta Autógrafa, Usada como Prova de Acusação Contra
Alvarenga Peixoto: Segue dos teus Maiores *104*

    Soneto: A Paz, a doce Mãe das alegrias *107*

OBRAS POÉTICAS DE ALVARENGA PEIXOTO

3. MANUSCRITO 26, 4, 92 . . . . *109*
   Sonho Poético *110*
   Ode: Invisíveis Vapores *111*

4. *COLEÇÃO DE SONETOS SÉRIOS, QUE SE NÃO ACHAM IMPRESSOS,*
   EXTRAÍDOS DOS MANUSCRITOS ANTIGOS E MODERNOS. *117*
   Por mais que os alvos cornos curve a Lua *118*
   De açucenas, e rosas misturadas *119*
   Chegai, Ninfas, chegai, chegai Pastores. *119*
   Nem fizera a Discórdia o desatino *120*
   Oh Pai da Pátria, imitador d'Augusto *120*
   Passa-se uma hora, e passa-se outra hora *121*
   Depois que dos seus Cães, e Caçadores *121*
   Ao mundo esconde o Sol seus resplandores *122*

5. *POESIAS DE VÁRIOS AUTORES COLIGIDAS POR AMADEO GUIMENIO*. . . . *123*
   Não me aflige do potro a viva quina *124*
   A paz, a doce Mais das alegrias *125*
   Eu não lastimo o próximo perigo *125*

6. MANUSCRITO 49-III-54 N. 54 . . . . *127*
   Soneto: Eu vi a linda Estela e namorado *128*

7. MANUSCRITO 2814 . . . . *129*
   Soneto: Eu vi a linda Jônia enamorado *130*

8. MANUSCRITO 1521 . . . . *131*
   Oh Pai da Pátria imitador d'Augusto *132*

9. MANUSCRITO 1152 . . . . *133*
   Ode: Invisíveis vapores *134*

10. *COLEÇÃO DE VÁRIAS OBRAS POÉTICAS DEDICADAS ÀS PESSOAS*
    DE BOM GOSTO POR HENRIQUE DE BREDERODE *139*
    Sonho Poético *140*
    Ode do mesmo autor: Invisíveis vapores *141*
    Ao Marquês de Pombal *146*
    Por mais que os alvos cornos curve a Lua *149*
    Chia de dia pela rua o carro *149*
    A Paz, a doce Mãe das alegrias. *150*
    Soneto feito depois da prisão: Eu não lastimo o próximo perigo *151*
    Não me aflige do potro a viva quina *152*

SUMÁRIO

11. MANUSCRITO 1189 . . . . *153*
   Ode aos Trabalhos de Hércules *154*

Parte II. FONTES PRIMÁRIAS IMPRESSAS

1. SONETO PUBLICADO AO FIM DA PRIMEIRA EDIÇÃO DE *O URAGUAI*,
   DE BASÍLIO DA GAMA *159*
   Soneto ao Autor: Entro pelo Uraguai: vejo a cultura *160*

2. SONETO PUBLICADO EM FOLHA AVULSA, COMPILADO EM CÓDICE *161*
   Na Inauguração da Estátua Equestre Consagrada à Memória d'El
      Rei Nosso Senhor no Faustíssimo Dia 6 de Junho de 1775:
      América sujeita, Ásia vencida *162*

3. *MISCELÁNEA CURIOSA, E PROVEITOSA, OU COMPILAÇÃO, TIRADA DAS*
   MELHORES OBRAS DAS NAÇÕES ESTRANGEIRAS; TRADUZIDAS, E
   *ORDENADAS POR ***C.I.* *163*
   Retrato: Marília bela *164*

4. *ALMANAK DAS MUSAS, NOVA COLEÇÃO DE POESIAS. OFERECIDA*
   AO GÊNIO PORTUGUÊS *169*
   Oitavas Feitas em Obséquio do Nascimento do Ilustríssimo Senhor
      D. José Tomás de Menezes, filho do Ilustríssimo e Excelentíssimo
      Senhor D. Rodrigo José de Menezes, Governando a Capitania de
      Minas Gerais *170*

5. *JORNAL POÉTICO, OU COLEÇÃO DAS MELHORES COMPOSIÇÕES, EM*
   TODO O GÉNERO DOS MAIS INSIGNES POETAS PORTUGUESES, TANTO
   IMPRESSAS, COMO INÉDITAS, OFERECIDAS AOS AMANTES DA NAÇÃO . . . *177*
   Ao Nascimento de D. José Tomás de Menezes, filho de D. Rodrigo
      José de Menezes, Governador de Minas Gerais – Oitavas *178*

6. *O PATRIOTA, JORNAL LITERÁRIO, POLÍTICO, MERCANTIL, ETC. DO*
   RIO DE JANEIRO. *185*
   Soneto: Por mais que os alvos cornos curve a Lua *186*

7. *PARNASO BRASILEIRO OU COLLECÇÃO DAS MELHORES POEZIAS DOS*
   POETAS DO BRASIL, TANTO INEDITAS, COMO JA IMPRESSAS *187*
   Sonho: Oh que sonho! oh que sonho eu tive nesta *189*
   Ode: À Rainha D. Maria I pelo mesmo Autor, servindo de continuação
      ao Sonho: Invisíveis vapores. *191*
   Ode pelo mesmo Autor: A Sebastião José de Carvalho e Melo,
      Marquês de Pombal *195*

Canto Épico pelo mesmo Autor: batizando-se em Minas o Filho do Excelentíssimo Senhor D. Rodrigo José de Menezes. Bárbaros filhos destas brenhas duras *197*

Soneto: Nas asas do valor em Ácio vinha *203*

Soneto ao Marquês de Lavradio: Se armada a Macedônia ao indo assoma . . . *204*

Soneto: A mão, que aterra de Nemeu a garra *204*

Soneto: Por mais que os alvos cornos curve a Lua *205*

Soneto nas Exéquias de El Rei D. José: Do claro Tejo à escura foz do Nilo *206*

Soneto ao Marquês de Lavradio: Honradas sombras dos maiores nossos *206*

Soneto aos anos de D. Joana: Nem fizera a discórdia o desatino *207*

Retrato: A Minha Anarda *208*

Soneto: Eu vi a linda Estela, e namorado *212*

Soneto: Não cedas, coração; pois nesta empresa *213*

Soneto à Rainha D. Maria I: Expõe Tereza acerbas mágoas cruas *214*

Soneto à mesma: A Paz, a doce Mãe das alegrias *214*

Conselhos de Alvarenga Peixoto, a Seus Filhos *215*

Soneto por Alvarenga Peixoto, no dia em que sua filha completava 7 anos: Amada filha, é já chegado o dia *218*

8. *MISCELÂNEA POÉTICA OU COLEÇÃO DE POESIAS DIVERSAS DE AUTORES ESCOLHIDOS* *219*

Soneto: Eu não lastimo o próximo perigo *220*

De Inácio José de Alvarenga, Estando Preso, à Sua Mulher: Bárbara bela. . *221*

9. *OBRAS POÉTICAS DE INÁCIO JOSÉ DE ALVARENGA PEIXOTO* EDITADAS POR JOAQUIM NORBERTO DE SOUZA E SILVA *223*

À Morte do Mesmo Marquês [do Lavradio] *224*

A Luís de Vasconcelos e Souza, Vice-Rei do Estado do Brasil *225*

NOTA BIOGRÁFICA SOBRE ALVARENGA PEIXOTO *227*

AGRADECIMENTOS *229*

REFERÊNCIAS BIBLIOGRÁFICAS *231*

Apresentação

Kenneth Maxwell

Caio Cesar Esteves de Souza, com uma habilidade forense, seguiu diligente e obstinadamente os rastros arquivísticos em bibliotecas e arquivos públicos no Brasil e em Portugal para encontrar fontes primárias e estabelecer, reestabelecer e também redescobrir textos originais da poesia de Inácio José de Alvarenga Peixoto. Ele também revela textos até então desconhecidos, publicados aqui pela primeira vez. E conduz a discussão questionando sutilmente os pontos fortes (e fracos) das edições anteriores das obras de Alvarenga Peixoto.

Nesta nova reunião da poesia completa de Alvarenga Peixoto, são apresentados os manuscritos e os impressos originais em todas as suas versões – os inéditos vêm acompanhados do fac-símile. Esses poemas foram registrados em sua época com algumas diferenças e modificações. Eram apresentados em performances orais, como era costume nas tradições letradas portuguesa e brasileira havia muitos séculos. Portanto, o leitor é convidado por Caio Souza a adentrar o mundo criativo da poesia de Alvarenga Peixoto do final do século XVIII tal qual ela foi criada, performada e escrita pela primeira vez.

Alvarenga Peixoto é mais conhecido como poeta da Inconfidência Mineira. Participou em muitas das discussões sobre a revolta e foi um amigo próximo de muitos dos principais inconfidentes. Um de seus poemas "subversivos" foi confiscado no momento de sua prisão. Escreveu um dos seus mais belos sonetos para a sua esposa, Bárbara Heliodora Guilhermina da Silveira, desde sua cela no cárcere da Ilha das Cobras, no Rio de Janeiro. Foi condenado por sua participação na Conjuração Mineira, mas recebeu clemência de D. Maria I. Acabou banido para a África, onde não sobreviveu por muito tempo, e morreu em 1792, vítima de uma doença tropical.

Seus poemas, como seus amores e seus negócios financeiros, sempre refletiram um alto grau de promiscuidade. Em sua poesia, teceu grandes louvores aos poderosos: o todo-poderoso Marquês de Pombal, em Portugal, e depois D. Maria I. Também foi um grande mutuário e um notório devedor. Nascido no Rio de Janeiro em 1744, ele se matriculou na Universidade de Coimbra em 1760. Serviu três anos em Sintra como desembargador antes de ser nomeado ouvidor da Comarca do Rio das Mortes, em Minas Gerais, em 1775, onde acumulou propriedades e muitos escravos. Seu caso com a bela Bárbara Heliodora, muito mais jovem que ele, foi um enorme escândalo entre os habitantes da comarca, sobretudo porque sua filha nasceu fora do casamento.

Alvarenga Peixoto foi um homem complexo adotando um modo de vida baseado em expectativas exageradas e em ambições frustradas. Foi ao mesmo tempo extravagante e trágico. Um homem, enfim, em busca de objetivos inatingíveis. Tudo isso é o contexto e o plano de fundo rico e fascinante de suas obras aqui compiladas, anotadas e apresentadas tão brilhantemente por Caio Cesar Esteves de Souza. Este livro, acima de tudo, é um convite íntimo ao mundo da poesia luso-brasileira do final do século XVIII, um momento muito turbulento e decisivo na história do Brasil, e também um convite à obra de um de seus mais relevantes protagonistas.

Prefácio

Uma Poesia Árcade Dita "Menor": Inácio José de Alvarenga Peixoto e a Poesia Luso-Brasileira dos Séculos XVII e XVIII

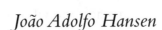

João Adolfo Hansen

Suponhamos que no Brasil de Bolsonaro ainda haja leitores. Forçando a barra dessa ficção improvável, imaginemos equivocadamente que sejam leitores de poesia. Exagerando a improbabilidade e o equívoco – mas lembrando que quem exagera supervê – façamos de conta que estejam em Universidade pública onde ainda haja uma área de estudos, Literatura Brasileira, e, coisa improvável, que nela existam projetos – ou pelo menos um projeto – de pesquisa sobre as letras luso-brasileiras do século XVIII, como faz tempo já não há nenhum na área de Literatura Brasileira da Universidade de São Paulo que, dizem, é a principal do país.

Para supostos leitores hipotéticos que num hipotético curso supostamente superior de Literatura Brasileira supostamente ainda lessem poesia e ela improvavelmente fosse poesia luso-brasileira do século XVIII, a de Cláudio Manuel da Costa seria, quem sabe – isso talvez depois que alguém explicasse quem foi para supostos alunos hipoteticamente interessados em tentar localizar uma coisa remotíssima e indefinida como "século XVIII luso-brasileiro" – a que talvez mais pudesse interessar, se interesse houvesse, porque alia à extrema perícia das técnicas do verso referências a autores antigos de que, no Brasil, exceto raríssimos esparsos especialistas que ainda aqui e lá mal sobrevivem mal, praticamente ninguém nunca ouviu falar e muitíssimo menos lê, como os gregos Anacreonte e Teócrito e Lícofron e os latinos Ovídio e Virgílio e Tibulo e Catulo e Petrônio e Pérsio e Propércio e outros, ainda, ignorados ou desconhecidos e, quando lembrados, esquecidos, dos séculos XIII, XIV, XV, XVI e XVII, como Dante, Petrarca, Sanazzaro, Camões, Francisco Rodrigues Lobo, Francisco Manuel de Melo, Violante do Céu, Góngora, Quevedo, Lope de Vega, Guarini, Marino, Metastásio e um grande e magnífico etc.

Lembremos que as metáforas cultas com que Cláudio Manuel da Costa os emula, fazendo referências a tópicas da Arcádia Romana e outras arcádias, condensam técnicas e motivos da poética do conceito engenhoso praticada por autores do século XVII que hoje o idealismo alemão vai classificando como "barrocos" em cursos de Letras & Secretariado & Publicações. O procedimento poético de inventar metáforas agudas e cultas para figurar o mundo rústico de pastores árcades e suas gentis Nises e Anardas e Marfidas faz da leitura dos poemas de Cláudio uma experiência intelectual de imagens de contrastes inesperados, que resultam de sínteses engenhosíssimas de conceitos distantes, hoje relegadas ao sono vil do esquecimento frio.

Talvez outros poetas luso-brasileiros do século XVIII que escreveram coisas mais planas e claras e fáceis pudessem ainda ser lembrados pelo menos por alguns daqueles supostos leitores universitários de Letras? Como Tomás Antônio Gonzaga e as liras em que Dirceu declara amor a Marília? Ou Basílio da Gama, de quem alguém ainda talvez lembrasse a cena da morte da bela Lindoia? Provavelmente não são lembrados; logo, também não lidos. E vice-versa. E *Caramuru,* de Santa Rita Durão? Além do fogo de artifício, ninguém sabe o que seja. *Glaura,* de Manuel Inácio da Silva Alvarenga? Tão musical quanto ignorado. O sapateiro Silva? Onde acabou? E em que guerra? E só alguns poucos saberão que houve e continua havendo a poesia de um autor menor do século XVIII chamado Inácio José de Alvarenga Peixoto. Os que sabem provavelmente nunca a leram. E vão?

Isso posto, lembremos que o autor deste livro, Caio César Esteves de Souza, o escreveu com a ironia e a resistência e o humor necessários para situar num campo arruinado de ruínas a poesia dita árcade dos poetas luso--brasileiros do século XVIII. Com competência, acrescentou aos restos do *corpus* de Inácio José de Alvarenga Peixoto, que edita, seis poemas inéditos que encontrou, manuscritos, na Biblioteca Mindlin, hoje na USP, propondo procedimentos analíticos e conceitos críticos para o entendimento histórico deles em seu tempo, o século XVIII, por improváveis leitores obnubilados pelo esplendor cultural do Brasil bolsonarista e seus inefáveis ministros da Edukasão e da Kultura. Para isso, opera segundo as duas articulações temporais que produz fazendo a correlação do tempo presente da sua pesquisa, em que lê ruínas e resíduos de práticas poéticas antigas guardados em arquivos, e o tempo passado deles, quando não eram ruínas, pois ainda não tinha vindo este tempo brilhante de agora em que são mais que restos porque só ruínas. Na correlação, Caio os lê segundo a particularidade histórica dos condicionamentos institucionais do presente da invenção, circulação e usos deles no século XVIII, bem como dos modelos poéticos imitados e dos procedimentos retóricos aplicados pelo autor, Inácio José, para compô-los. Também especifica a forma do suporte material deles, poema impresso ou poema manuscrito, caderno de folhas manuscritas costuradas ou folhas soltas, espécies e tamanho e forma de letras escritas com pluma de ganso ou pena de aço, pressupondo que, no século XVIII, também o meio material de fixação e transmissão dos poemas era elemento da significação deles.

O presente da correlação que opera é, sumariamente, o tempo dos condicionamentos materiais da pesquisa e das suas finalidades institucionais na Universidade pública paulista, tempo dos processos burocráticos dos programas de Pós-Graduação e das instituições financiadoras de pesquisas subordinados todos à predação da direita tucana. E também tempo da invenção de procedimentos técnicos para encontrar, isolar, classificar, descrever, situar, hierarquizar e publicar textos que foram impressos ou que permaneceram manuscritos segundo classificações retórico-poéticas de gêneros constitutivas de hierarquias do valor artístico em seu tempo, a segunda metade do século XVIII luso-brasileiro.

Caio opera com mais indícios de coisas mortas desde então, buscando definir a forma, a função, a comunicação e os valores que tinham em seu tempo, quando vivas. Para isso, especifica relações retórico-poéticas de emulação, imitação, citação, estilização, paródia e pirataria que os poemas estabeleciam com outros discursos de outros autores do longuíssimo costume mimético greco-latino de fazer poesia sobre tópicas da Arcádia. Nesse costume, evidencia, coexistem poetas gregos e latinos antigos, além de italianos, espanhóis, portugueses, franceses, ingleses, principalmente, dos séculos XV, XVI, XVII e XVIII, todos eles autores de obras que põem em cena lugares-comuns daquela região grega mitológica.

Quanto ao homem Inácio de Alvarenga Peixoto, lembra que nasceu no Rio de Janeiro, talvez em 1744. Provavelmente foi criado em Braga, Portugal, assim como sua irmã, Ana Bárbara Joaquina, mais uma das incontáveis freiras de seu tempo. Em 1760, Inácio entrou na Universidade de Coimbra e, para não variar, como tantos outros homens de então, estudou Leis até 1766, com uma interrupção dos estudos entre outubro de 1761 e outubro de 1763, quando veio ao Estado do Brasil visitar a família acompanhado de Feliciano Gomes Neves, tio de Tomás Antônio Gonzaga. Voltando para Portugal, doutorou-se em Leis em 1767, chegando a ser professor de *Instituta* na Universidade de Coimbra. Em fins de 1768, foi autorizado a exercer a magistratura; em 1769, tornou-se Desembargador em Sintra, ocupando o cargo por três anos.

Desde seu tempo na Universidade, Inácio José de Alvarenga Peixoto manteve contatos com capitalistas que lhe emprestavam dinheiro. Essas relações levaram o grupo de João Rodrigues de Macedo, um dos seus credores, a arrematar o cargo de Ouvidor do Rio das Mortes para ele. Em 11 de março de 1775, retornou para o Brasil oficialmente nomeado. Entre 1776 e 1777, foi incumbido de providenciar mantimentos para as tropas que o governador das Minas devia enviar para combater espanhóis no sul do Estado do Brasil. Comprou grande quantidade de mantimentos para as tropas e desviou o dinheiro do pagamento para quitar dívidas que tinha com credores. Os comerciantes fizeram uma "Queixa Geral dos Povos" contra ele, mas não foi investigado nem punido. O Governador de Minas o nomeou Coronel do Primeiro Regimento de Cavalaria da Campanha do Rio Verde. Desde então, passou a assinar documentos como "Coronel Alvarenga", pondo de lado o título coimbrão de Doutor. Em 1779, foi pai solteiro, quando nasceu sua primeira filha, Maria Ifigênia, da relação que mantinha com Bárbara Heliodora Guilhermina da Silveira. O escândalo acabou em 22 de dezembro de 1781, quando o bispo de Mariana visitou o Rio das Mortes e celebrou seu casamento. Além da menina, Inácio e Bárbara tiveram mais três filhos homens e viveram como fazendeiros até o início do processo de devassa da Inconfidência Mineira. Ele foi um dos líderes dos planos da conspiração e, com seus amigos Tomás Antônio Gonzaga e Cláudio Manuel da Costa, escrevia as leis para a nova sociedade de ainda que tardia liberdade que no Brasil ainda esperamos. Condenado e degredado para Angola, morreu de uma doença tropical, provavelmente febre amarela transmitida por pernilongos, logo depois de chegar a Luanda.

Os poemas atribuídos a Inácio José de Alvarenga Peixoto estão dispersos por códices e folhas volantes de arquivos de São Paulo, Rio de Janeiro, Lisboa, Coimbra, Évora e Porto. Caio os enumera e localiza: em manuscritos, há os seis retratos que estavam inéditos na Biblioteca Brasiliana Guita e José Mindlin, da USP, em São Paulo; dois poemas (uma ode incompleta e um soneto) nos *Autos da Devassa da Inconfidência Mineira*, no Arquivo Nacional do Rio de Janeiro; dois poemas ("Sonho Poético" e uma ode), na Biblioteca Nacional no Rio de Janeiro; onze sonetos na Biblioteca Nacional de Portugal, em Lisboa; um soneto na Biblioteca da Ajuda, em Lisboa; três poemas (dois sonetos e uma ode), na Biblioteca Geral da Universidade de Coimbra; oito poemas (cinco sonetos, o "Sonho Poético" e duas odes) no Fundo Manizola da Biblioteca Pública e Arquivo Distrital de Évora; e uma ode na Biblioteca Municipal do Porto. Em folha volante impressa, há um soneto, dedicado à Estátua Equestre de D. José I. Impresso em códice atribuído a outro autor, há, na primeira edição de *O Uraguay*, de Basílio da Gama, publicada em 1769, um soneto de Alvarenga Peixoto sobre o poema. Preservados em códices impressos não autorais há um retrato no sétimo volume da *Miscellanea Curiosa, e Proveitosa, ou Compilação, Tirada das Melhores Obras das Nações Estrangeiras*: Traduzida, e ordenada por *** C. I. , de 1785; o "Canto Genetlíaco", na quarta parte do *Almanak das Musas, Offerecido ao Genio Portuguez*, organizado por Caldas Barbosa em 1794, em Lisboa; novamente, o "Canto Genetlíaco", no *Jornal Poetico ou Collecção das Melhores Composições, em Todo o Gênero dos Mais Insignes Poetas Portuguezes, Tanto Impressas, Como Inéditas, Offerecidas aos Amantes da Nação por Desidério Marques Leão*, Livreiro ao Calhariz, em 1812, em Lisboa; dezenove poemas (treze sonetos, duas odes, o "Sonho Poético", um retrato, o "Canto Genetlíaco" e as sextilhas "Conselhos de Alvarenga Peixoto a seus Filhos") dispersos pelos oitos cadernos do *Parnazo Brasileiro, ou Collecção das Melhores Poezias dos Poetas do Brazil, Tanto Ineditas, como Ja Impressas*, publicado pelo Cônego Januário da Cunha Barbosa, entre 1829 e 1832; e dois poemas (um soneto e uma lira) na *Miscelânea Poética*, feita por Elias Matos, em 1853. Há, também, um soneto no primeiro número do periódico impresso *O Patriota, Jornal Litterario, Politico, Mercantil, &c.* do Rio de Janeiro, de 1813. Por fim, há dois sonetos editados pela primeira vez por Joaquim Norberto da Sousa Silva, sendo que um deles – que começa "Que mal se mede dos heróis a vida" – estaria presente, segundo indicação de Lapa, em um manuscrito pertencente aos representantes da Casa Lavradio, intitulado *Coroa Poética à Morte do 2º. Marquês de Lavradio, Exposta por Ocasião das Exéquias que lhe Fizeram no Rio, em Agosto de 1790.*

Assim, atualmente o *corpus* poético de Inácio José de Alvarenga Peixoto é composto por quarenta poemas: os 33 editados por Rodrigues Lapa, um soneto inédito encontrado por Francisco Topa em Évora e os seis inéditos que Caio encontrou na Biblioteca Brasiliana Mindlin, na USP. Além deles, inclui as sextilhas "Conselhos a Meus Filhos", de provável autoria de Bárbara Heliodora Guilhermina da Silveira. Trata-se de 41 textos totalmente distintos uns dos outros, que se encontram nos arquivos em 63 escritos. Quando os estuda, Caio define *texto* ou *poema* como abstração interpretativa, propondo que, quando se leem dois escritos que têm uma quantidade considerável de semelhanças, devem ser entendidos como dois registros escritos de um mesmo texto. Como propõe apresentar ao leitor de hoje os poemas atribuídos a Alvarenga Peixoto em seus aspectos materiais, faz a compilação de todos os escritos que compõem o *corpus*, sem abstraí-los para eliminar repetições de poemas.

O efeito prático de seus procedimentos? Em sua edição, 29 dos 41 poemas são copiados só uma vez, pois existe somente um escrito localizado para cada um deles. Há poemas que estão presentes em vários escritos e, por isso, são copiados várias vezes. Por exemplo, o soneto "A Paz, a Doce Mãe das Alegrias", dedicado a D. Maria I e anexado à defesa de Alvarenga Peixoto no processo da Inconfidência Mineira, também está presente no *Manuscrito 7008* da Biblioteca Nacional de Portugal, no *Manuscrito 542* do Fundo Manizola do Arquivo Distrital de Évora e no *Parnaso Brasileiro*, de Januário da Cunha Barbosa. Logo, aparece em quatro momentos distintos da edição, para que possa ser lido no contexto de sua circulação material. Como esse, mais onze poemas atribuídos a Alvarenga Peixoto são compostos por mais de um escrito e, assim, são editados mais de uma vez. Quanto aos seis poemas inéditos localizados em São Paulo, nunca foram editados desde o século XIX e a fortuna crítica de Alvarenga Peixoto os desconhecia inteiramente até 2017, quando os publicou em sua dissertação de mestrado defendida na USP. Propor o ineditismo deles é problema conceitual, pois foram devidamente editados e copiados no final do 5º volume do códice manuscrito *Flores do Parnaso Ou Coleção de Obras Poéticas de Diferentes Autores Juntas pelo Cuidado de I...N...T...M...*

Como situar a poesia de Inácio José de Alvarenga Peixoto em seu tempo? Como o leitor deve estar lembrado, no século XVIII, em Portugal, a obra poética de autores do século XVII que hoje são etiquetados como "barrocos", como Francisco Manuel de Melo, Gregório de Matos e Guerra, Tomás Pinto Brandão, Violante do Céu etc., passou a ser desqualificada a partir principalmente das reformas da cultura feitas por Sebastião de Carvalho e Melo, Marquês de Pombal. As reformas opunham-se ao aristotelismo das instituições de ensino controladas pelos jesuítas e associaram os estilos do século XVII ao "doloso systema" das práticas educacionais da Companhia de Jesus, como se lê no *Compêndio Histórico do Estado da Universidade de Coimbra no Tempo da Invasão dos Denominados "Jesuítas" e dos Estragos Feitos nas Ciências e nos Professores que a Regiam pelas Maquinações e Publicações dos Novos Estatutos por Eles Publicados.*

Como se sabe, as imagens da poesia então criticada que hoje é dita "barroca" resultam da aproximação e da condensação aguda de conceitos distantes, tendendo para o epigrama: são muito sensoriais, pois metáforas, e muito sentenciosas e, muitíssimas vezes, pedantemente sentenciosas. Tendem ao hermetismo, porque relacionadas às técnicas do comportamento prudencial que então definia o cortesão como homem que encenava a dissimulação honesta, recorrendo a meios indiretos, quase sempre herméticos para não iniciados, quando formulava pensamentos de maneira aguda. Como ocorre, por exemplo, no poema anônimo da *Fénix Renascida,* cujo título é "A um Papagaio do Palácio que Falava Muito":

Iris parlero, Abril organizado,
Ramillete de plumas con sentido,
Hybla con habla, irracional florido,
Primavera con pies, jardin alado.

Os substantivos *Iris, Abril, ramillete, hybla, primavera, jardin* correspondem a substâncias e figuram a ave de maneira fantástica; ao mesmo tempo, suas qualidades, *parlero, organizado, de plumas, con habla, florido, con pies, alado,* indicam o plano icástico. Trata-se de um "despropósito proposital" ou "inconveniência conveniente", como diz Tesauro; decifrado, evidencia que o público capaz de entendê-lo também é discreto e agudo como o autor, que quis ser hermético para não ser vulgar. Ou seja, no século XVII, a capacidade de entender metáforas engenhosas conferia distinção social. Num soneto atribuído a Gregório de Matos e Guerra, vê-se o mesmo procedimento na fórmula que significa a boca e os dentes de Caterina: "Rubi, concha de perlas peregrina".

No século XVIII, Luís António Verney e Francisco José Freire (Cândido Lusitano) sistematizaram a crítica e a censura dessa poesia do século XVII, propondo que é falha de juízo por ter a fantasia depravada. Cândido Lusitano classifica como "sofismas" as metáforas da *Fábula de Polifemo e Galateia,* de Dom Luis de Góngora. Nela, como o leitor lembra, o ciclope Polifemo diz à ninfa Galateia como em um dia sereno viu a própria imagem refletida nas águas de uma praia:

Miréme, y luzir vi un Sol en mi frente,
Quando en el Cielo un ojo se veia,
Neutra el agua dudava, a qual se preste,
Al Cielo humano, o al Ciclope celeste.

Cândido Lusitano afirma que, por "falta de fundamentos", no verso "Al Cielo humano, o al Ciclope celeste", Góngora concluiu que o Céu é um celeste Polifemo e Polifemo, um humano Céu, porque, metaforicamente, chama-se ao Sol "olho do Céu" e, ao olho, "Sol da cara". Cândido Lusitano declara que tais metáforas corrompem a fantasia poética, pois tornam obscura e remota a translação dos conceitos. Declarando admiti-las somente

em composições cômicas nas quais "conceitos falsos no sentido metafóri-
co" causam riso, declara que Góngora é como "os meninos, ou um simples
rústico, que estimam o latão como o ouro, e o cristal como o diamante". E
fundamenta a crítica afirmando que

A beleza poética está fundada na verdade, e compõe-se de perfeições reais,
não de desconcertos, ou ilusões aéreas. Nunca ao entendimento pode direta, ou
indiretamente parecer verdadeiro o que é falso, porque foi criado para conhecer a
verdade, exceto se ele está depravado pelo desconcerto dos órgãos[1].

No *Compêndio Histórico do Estado da Universidade de Coimbra no Tempo
da Invasão dos Denominados "Jesuítas" e dos Estragos Feitos nas Sciências e nos
Professores e Directores que a Regiam pelas Maquinações e Publicações dos Novos
Estatutos por Eles Publicados*, editado em 1772, no governo de D. José I, quan-
do era ministro o Conde de Oeiras, Sebastião de Carvalho e Melo, Marquês
de Pombal, lê-se:

Nos Sextos (1598) e Sétimos Estatutos (1653), que desde o anno de mil qui-
nhentos e noventa e oito até agora governárão a dita Universidade, não ha cousa
alguma, que se possa aproveitar para objecto de refórma. Muito pelo contrario se
contém nelles hum doloso systema de ignorancia artificial, e de impossibilidade
para se aprenderem as mesmas Sciencias, que se fingio quererem-se ensinar; e
huma Officina perniciosa, cujas máquinas ficárão desde então sinistramente labo-
rando para obstruirem todas as luzes naturaes dos felices engenhos Portuguezes[2].

Os argumentos do *Compêndio Histórico* e os de Candido Lusitano es-
tão subentendidos nos conceitos muito sensatamente aplicados dos poemas
de Inácio José de Alvarenga Peixoto. Bem antes dele, no Prefácio de suas
Obras Poéticas, de 1768, Cláudio Manuel da Costa demonstrou conhecer os
argumentos que então criticavam a poesia do século XVII, ao citar Ovídio,
Video meliora proboque deteriora sequor, afirmando conhecer o melhor (a cen-
sura neoclássica da fantasia engenhosa e o estilo humilde da bucólica), mas

---

1. Francisco Joseph Freire (Cândido Lusitano), *Arte Poetica ou Regras da Verdadeira Poesia em
Geral, e de Todas as suas Especies Principaes, Tratadas com Juizo Critico*, 2 ed., Lisboa, Oficina Patriarcal de
Francisco Luiz Ameno, 1759, 2 t., t. I (Livro I, Cap. XVIII, pp. 126-127).
2. *Compêndio Histórico do Estado da Universidade de Coimbra no Tempo da Invasão dos Denomina-
dos Jesuítas e dos Estragos Feitos nas Sciencias e nos Professores, e Directores que a Regiam pelas Maquinações,
e Publicações dos Novos Estatutos por Elles Fabricados*, Lisboa, Na Regia Officina Typographica, Anno
MDCCLXXII, p. XIII.

seguir o pior (as metáforas agudas e o estilo sublime do conceito engenhoso seiscentista):

Bem creio que te não faltará que censurar nas minhas *Obras*, principalmente nas Pastoris onde, preocupado da comua opinião, te não há de agradar a elegância de que são ornadas [...] encontrarás alguns lugares que te darão a conhecer como talvez me não é estranho o estilo simples, e que sei avaliar as melhores passagens de Teócrito, Virgílio, Sanazzaro e dos nossos Miranda, Bernardes, Lobo, Camões etc. Pudera desculpar-me, dizendo que o gênio me fez propender mais para o sublime [...] mas, temendo que ainda neste me condenes o muito uso das metáforas, bastará, para te satisfazer, o lembrar-te que a maior parte destas Obras foram compostas ou em Coimbra, ou pouco depois, nos meus primeiros anos, tempo em que Portugal apenas principiava a melhorar de gosto nas belas letras[3].

Também nas *Liras*, de Tomás Antônio Gonzaga, o preceito neoclássico fundamenta o controle do uso de metáforas nas descrições da beleza da pastora Marília pelo discurso sensato do pastor Dirceu. Quase sempre, o preceito da clareza é retoricamente evidenciado por Gonzaga com a substituição de metáforas pela prótase da similitude, "como". Não diz, nas *Liras*, que as faces alvas de Marília são "lírios", preferindo dizer "brancas como lírios". Com Aristóteles, demonstra para o leitor o controle racional que seu juízo exerce sobre a elocução. Também a *Declamação Trágica* e *O Uraguai*, de Basílio da Gama, ou *Glaura* e o *Desertor das Letras*, de Silva Alvarenga, controlam a fantasia aplicando o estilo médio adequado ao *docere* próprio do juízo e o estilo humilde conveniente na bucólica para representar sensatamente a fala de pastores. Com a redução e a eliminação dos ornamentos da elocução, principalmente as metáforas agudas, os hipérbatos, as hipérboles e os conceitos contrapostos típicos das letras do século XVII, os poetas árcades luso-brasileiros do século XVIII negam e excluem como inverossímil a concepção seiscentista do discurso poético como *conceito engenhoso*, *agudeza* ou metáfora artificiosa que aproxima e funde conceitos distantes.

Assim como a poesia do século XVII, a poesia chamada "árcade" continua caudatária da *mimesis* aristotélica, pressupondo a definição do engenho poético como fusão de duas faculdades, "juízo" e "fantasia". Das três hipóteses tradicionais dessa fusão, *juízo com fantasia, juízo sem fantasia, fantasia sem*

---

3. Cláudio Manuel da Costa, "Prólogo ao Leitor", *A Poesia dos Inconfidentes. Poesia Completa de Cláudio Manuel da Costa Tomás Antônio Gonzaga e Alvarenga Peixoto*, Rio de Janeiro, Nova Aguilar, 1996, pp. 47-48.

juízo, Verney e Cândido Lusitano defendem incondicionalmente o "juízo com fantasia" e, por isso, alegam a incongruência, a afetação e o mau gosto da poesia do século XVII, classificando-a como produto da "fantasia sem juízo". Quando fazem essa classificação, retomam a doutrina do juízo silogístico exposta por Aristóteles no Livro III do *De Anima* para definir o juízo poético como faculdade intelectual analítica e crítica. Analiticamente, o juízo orienta a perspicácia do poeta quando este classifica as matérias no ato da invenção. Criticamente, regula sua elocução como meio-termo ponderado que exclui tropos e figuras que tornam o discurso obscuro. Analítica e criticamente, o juízo fixa o meio-termo adequado para representar a comunicação urbana de tipos civilizados.

O abandono da elocução ornada não significa autonomia estética, política e crítica. A ilustração do juízo sensato inclui-se no projeto ilustrado português, que é católico, sendo determinante, no caso, o peso ideológico do termo "católico", mais substantivo que adjetivo. Dizendo de outro modo, as ideias iluministas francesas têm eficácia *prática* na redefinição da própria prática de produzir poesia, não importa que, como ideias, sejam ou não representações adequadas à situação de seus usos e tenham ou não possibilidade de realização efetiva como "iluminismo" nas condições econômicas, políticas e culturais de Portugal e suas colônias, o Estado do Brasil e o Estado do Maranhão e Grão-Pará.

Assim, a ilustração da poesia de Alvarenga Peixoto consiste fundamentalmente na apologia intelectual e moral do juízo, que prescreve e regula o meio-termo sensato do discurso poético. Sua poesia define e aplica o juízo segundo um aristotelismo que também se pode ler nos dois principais textos portugueses desse tempo que doutrinam o controle da imaginação nas artes, *Verdadeiro Método de Estudar*, de 1746, de Luís Antônio Verney, e *Arte Poética*, de 1748, de Francisco José Freire, o Cândido Lusitano. Assim, se o leitor compara as representações da poesia de Alvarenga Peixoto com as ideias iluministas francesas, é o meio-termo do juízo aplicado aristotelicamente à sua invenção que as torna análogas − mas não idênticas − à racionalidade nominalista e empirista daquelas ideias. A proporção racional da linguagem com que Alvarenga Peixoto figura seus temas é homóloga da racionalidade que os discursos das reformas pombalinas afirmavam como socialização ordenada da razão. E, sendo poesia regrada por preceitos aristotélicos tradicionais, o que pode especificá-la *poeticamente* como "ilustração" é o fato de reduzir drasticamente os ornatos da elocução ao adaptar gêneros, formas e estilos humildes, como os da bucólica antiga, aos assuntos de que trata. A redução constitui o destinatário do poema como tipo que avalia a representação por meio da simplicidade e clareza dos estilos resultantes da subordinação da fantasia poética ao juízo. É a civilidade de uma conversa civilizada estabelecida entre a enunciação e o destinatário — independentemente de tópicos escolásticos da poesia do século XVII ou iluministas da poesia do XVIII que sejam representados no enunciado — que efetivamente importa como constituição de novos hábitos perceptivos. A ilustração dos poemas de Alvarenga Peixoto e da poesia contemporânea deles não se acha necessariamente no conteúdo dos seus enunciados, como representação de ideias "iluministas"; nem, necessariamente, na interpretação dos enunciados por meio de um projeto crítico e mesmo revolucionário de uma nova ordem política burguesa e democrática oposta à ordem monárquica e estamental do Antigo Estado português. *Poeticamente*, a historicidade da sua Ilustração é definida pelos *modos simbólicos* que são adotados para dar forma ao contrato enunciativo dos poemas. Sua Ilustração é antes de tudo uma pragmática, sendo efetuada na própria simplificação dos estilos com um sentido homólogo ao sentido da simplificação empirista dos métodos de estudo que em seu tempo vinham sendo propostos nas reformas do ensino feitas contra o "peripatetismo" jesuítico.

Pode-se falar de uma hipervalorização do bom senso e, ainda, do senso comum de uma poesia que é programaticamente linear, feita quase como "poesia de gramática" que realiza a mediania sensata eliminando a elocução ornada da metáfora e dos conceitos contrapostos da poesia do século XVII. Nada de *poeticamente* inovador, no sentido do "progresso" da crítica iluminista ou no sentido romântico do conteúdo infinito do *nouveau au fond de l'inconnu*, pois a elocução medíocre ou humilde que caracteriza a redefinição do juízo nessa poesia é apenas uma variante estilística da longa duração da instituição retórica, praticada segundo a oposição de ático/asiático ou de *lacônico/asiático* que, no século XVI, tinha dividido os partidários do estilo seco de Tácito dos partidários do abundante de Cícero. Ou, no século XVII, os adeptos da normatividade icástica tradicional de Aristóteles e Horácio dos imitadores do estilo fantástico e sublime de Góngora seguidor das retóricas de Hermógenes e Aftônio. Ou ainda, no teatro, os "terensiarcos" e "plautistas", partidários das três unidades aristotélicas tradicionais, dos defensores da mistura dos estilos da tragicomédia de Lope de Vega.

No caso da poesia de Alvarenga Peixoto, nela também está implícita a desqualificação da fantasia engenhosa e aguda de Góngora e seus imitadores, que na primeira metade do século XVIII, durante o reinado de D. João V, foram legião na Corte, na Universidade, nas academias e nos conventos. A desqualificação dos estilos *cultos* da poesia seiscentista se associou então à crítica dos padrões discursivos difundidos pelo ensino jesuítico na Universidade de Coimbra, nos colégios do Reino e nos dos Estados do Brasil e do Maranhão e Grão-Pará.

Como se sabe, Inácio José de Alvarenga Peixoto, assim como Cláudio Manuel da Costa, Tomás Antônio Gonzaga, José Basílio da Gama, Manuel Inácio da Silva Alvarenga, foram homens educados com as disciplinas tradicionais do *Ratio studiorum* em colégios jesuíticos brasileiros e nos cursos de Direito da Universidade de Coimbra. Todos eles tinham muita familiaridade com a poesia grega, com a *Retórica*, a *Poética*, a *Política* e a *Ética* aristotélicas, a oratória de Cícero, a história de Tácito, os tratados de Sêneca, a poesia latina de Catulo, Propércio, Ovídio, Virgílio e Horácio, o Direito Romano, as *Instituições* de Justiniano, o *Decreto* de Graciano, Santo Tomás de Aquino e a doutrina teológico-política de autores católicos contrarreformistas, como Bellarmino, Possevino, Botero, Suárez etc. Alguns deles, como José Basílio da Gama e Manuel Inácio da Silva Alvarenga, saíram do Estado do Brasil para viverem em Portugal, onde escreveram textos antijesuíticos patrocinados por Pombal. Outros, como Santa Rita Durão, integraram-se em ordens religiosas do Reino. Os que ficaram no Brasil eram funcionários importantes da administração portuguesa na região aurífera de Vila Rica, Mariana, São João del Rey e São José do Rio das Mortes, vilas e cidades de Minas Gerais. Como letrados muito cultos, tinham conhecimento das tópicas filosóficas e políticas iluministas, principalmente as francesas. Muitos deles, como Cláudio Manuel da Costa, em Vila Rica (hoje Ouro Preto), o Cônego Vieira, em Mariana, o Padre Toledo, em São José do Rio das Mortes (hoje Tiradentes), o Padre Rolim, no Arraial do Tijuco (hoje Diamantina), possuíam bibliotecas com obras de Montesquieu, Raynal, Diderot, Voltaire, D'Alembert, Rousseau, Mably, proibidas pelas autoridades metropolitanas. Mas suas bibliotecas também eram formadas por textos filosóficos, teológico-políticos e devocionais do velho costume escolástico da "política católica" portuguesa, além de preceptivas retóricas "barrocas" do século XVII e livros de poesia latina, portuguesa, espanhola e italiana, como os textos de Aristóteles, Santo Tomás de Aquino, Francisco Suárez, Emanuele Tesauro, Baltasar Gracián, Francisco Leitão Ferreira, Ovídio, Horácio, Camões, Sá de Miranda, Góngora, Quevedo, Lope de Vega, Cervantes, Petrarca, Marino, Metastásio etc.

Não eram poetas românticos, como muitas vezes interpretações nacionalistas de suas obras pretendem fazer crer, mas poetas do Antigo Estado português. Não escreviam poesia como expressão ou subjetivação da experiência, mas como representação retórica de gêneros, tópicas, caracteres, paixões e ações tradicionais. Não escreviam contra a ordem dominante,

OBRAS POÉTICAS
de
ALVARENGA PEIXOTO

COLEÇÃO CLÁSSICOS COMENTADOS

Dirigida por Ivan Teixeira (*in memoriam*)
Joao Angelo Oliva Neto
José de Paula Ramos Jr.

CONSELHO EDITORIAL

Beatriz Mugayar Kühl – Gustavo Piqueira
João Angelo Oliva Neto – José de Paula Ramos Jr.
Lincoln Secco – Luís Bueno – Luiz Tatit
Marcelino Freire – Marco Lucchesi
Marcus Vinicius Mazzari – Marisa Midori Deaecto
Paulo Franchetti – Solange Fiúza
Vagner Camilo – Wander Melo Miranda

mas valorizavam a hierarquia e os privilégios nobiliárquicos, o que se lê nas representações negativas que fazem da gente plebeia, pobre, vulgar e não--branca. Como letrados familiarizados com a Ética aristotélica, o Direito Canônico, a doutrina neoescolástica do "pacto de sujeição", mas também com as ideias francesas e informações sobre a independência norte-americana, escrevem poemas que às vezes são críticos de excessos fiscais da Coroa e de desmandos de autoridades locais. As críticas a excessos que perturbavam ou prejudicavam o chamado "bem comum" estavam ortodoxamente previstas no Direito Canônico que todos eles tinham aprendido em Coimbra. Muitas vezes tinham sentido ambíguo, dividido entre a fidelidade à "pátria", a terra em que tinham nascido, Minas, e a fidelidade à "nação", Portugal, a que pertenciam como súditos ou homens subordinados. A principal determinação doutrinária de tais críticas poderia ser rastreada com sucesso não diretamente nas ideias revolucionárias francesas, mas na velha doutrina católica do "pacto de sujeição" que estruturava as relações hierárquicas do corpo político do Império Português. Como poetas do Antigo Estado, não faziam críticas aos poderes constituídos negando seu presente ou propondo sua superação por uma nova ordem política, pressupondo o conceito moderno de temporalidade e história iluminista, mas censuravam e vituperavam abusos, fazendo o destinatário lembrar-se dos bons usos consagrados como justos pelo costume então sistematizado por praxes e doutrinados ortodoxamente por textos canônicos católicos, como os de Giovanni Botero e Francisco Suárez.

Lembremos ainda que uma das principais referências poéticas imitadas pelos árcades luso-brasileiros é *Pastor Fido*, a tragicomédia pastoral escrita no século XVI pelo Cavalier Guarini. Em julho de 1585, ele escreveu a Sperone Speroni, falando dos que acusavam a obra de ser um "monstro poético" por não ter unidade estilística. Defendendo-a, afirma que é tragicomédia pastoral inventada como expansão dramática da écloga. O sistematizador italiano do gênero foi Agostino de' Beccari, *cittadin ferrarese*, com o texto *Sacrificio*, de 1554. E o principal texto imitado por Beccari teria sido *Pompas de Adônis*, de Teócrito, écloga com tratamento dramático. Beccari isolou o procedimento dramático e o transformou no gênero "tragicômico", gênero dialógico em que falam um ou mais pastores, como acontece em *Pastor Fido*.

Guarini afirma que, nas obras de Beccari e no *Aminta*, de Tasso, o termo "pastoral" deve ser entendido como substantivo, mas que no *Pastor Fido* é só adjetivo. Assim, na expressão "tragicomédia pastoral" usada para classificar o poema, o termo "tragicomédia" significa a qualidade da fábula, que mistura ações altas e baixas, enquanto o termo "pastoral" indica a qualidade dos personagens representados como pastores fictícios, porque são efetivamente tipos urbanos ou civis, caracterizados pela ética e pela etiqueta de Corte. E como há pastores nobres e pastores não nobres, alguns são trágicos e outros, cômicos.

Os árcades luso-brasileiros do século XVIII adaptaram a forma dramática e a mescla estilística da tragicomédia pastoral do *Pastor Fido* às circunstâncias da Ilustração católica portuguesa. Doutrinaram a poesia como meio pedagógico de difusão otimista da racionalidade ilustrada, por isso consideraram o fingimento da simplicidade não vulgar e não afetada de pastores como meio adequado para pôr em cena os novos padrões de civilidade postos em circulação pelas reformas pombalinas. A linguagem da pastoral está equidistante dos extremos do plebeísmo e do hermetismo. O leitor a julga terna e elegante, clara e fácil, feita sem esforço – em uma só palavra, *urbana*. Assim, os árcades reduziram a extensão, a complicação do enredo, o número de personagens e as agudezas do estilo do *Pastor Fido*, mas mantiveram sua forma dramática de diálogo entre pastores, porque a consideraram adequada para representar cenas em que personagens desenvolvem conversação particular sobre matérias da vida cotidiana, como na comédia, enquanto as interpretam seriamente, como na tragédia.

No final do século XVIII, os temas locais da Colônia – que tinham sido tratados pela poesia feita em meados do século e que então particularizavam a tópica *pátria* como memória celebratória dos feitos militares das elites coloniais – passaram a ser deslocados para a tópica da *nação* independente, no movimento da Inconfidência Mineira. A poesia de Inácio José de Alvarenga Peixoto foi escrita já no final do século XVIII e tem versos que afirmam decididamente a identidade local de um sujeito coletivo, "nós", que é figurado positivamente como "bárbaro" em oposição à interpretação negativa que a Metrópole civilizada fazia dos habitantes do Brasil. Num poema de Alvarenga Peixoto, esse sujeito coletivo se equipara aos heróis europeus e merece a fama deles porque, tendo derramado o próprio sangue na conquista do território do Estado do Brasil, selou com ele o direito de sua posse e de sua propriedade, tornando-se idêntico à Europa nos frutos que produz:

> Bárbaros filhos destas brenhas duras,
> Nunca mais recordeis os males vossos;
> [...] Que os heróis das mais altas cataduras
> Principiam a ser patrícios nossos;
> E o vosso sangue, que esta terra ensopa,
> Já produz frutos do melhor da Europa.

PREFÁCIO. UMA POESIA ÁRCADE DITA "MENOR"... 27

Mas, simultaneamente – isso talvez porque Inácio esperasse que a rainha D. Maria I ainda fosse comutar a sentença que o condenava ao degredo – escreve versos absolutamente áulicos, que figuram a colônia brasileira com os velhos lugares-comuns do costume colonialista, como o do índio selvagem do estado de natureza submetido às Luzes católicas da civilização portuguesa. A enunciação do poema afirma o direito de posse da Metrópole sobre as riquezas extraídas do lugar, que constitui como "natureza", para civilizá-lo com as luzes da monarquia:

> Do trono os resplendores
> Façam a nossa glória, e vestiremos
> Bárbaras penas de vistosas cores.
> Para nós só queremos
> Os pobres dons da simples natureza,
> E seja vosso tudo quanto temos.
> Sirva à real grandeza
> A prata, o ouro, a fina pedraria,
> Que esconde nessas serras a riqueza.

Essa bajulação de lacaio era absolutamente tradicional e convencional. O tipo do general letrado e subordinado da poesia do tempo de Augusto foi imitado por Cláudio Manuel da Costa, Basílio da Gama, Alvarenga Peixoto e Silva Alvarenga, que esperaram o favor de poderosos quando figuraram as ações deles com a tópica "letras e armas" do humanismo cívico português do século XVI.

Caio evidencia que, observando-se os procedimentos técnicos aplicados à composição dos poemas, essa poesia se evidencia como arte regrada pelos preceitos da *Retórica* aristotélica e das versões latinas de Aristóteles. Principalmente os preceitos da *Arte Poética,* de Horácio, retomados por tratadistas franceses, italianos, espanhóis e portugueses dos séculos XVII e XVIII, como Boileau, Muratori, Gravina, Luzán, Verney e Cândido Lusitano. Aplicando-os, o poeta luso-brasileiro produz o efeito verossímil e decoroso adequado aos estilos dos gêneros poéticos que imita, em termos horacianos de *utile et dulci.* O poeta continua aplicando caracteres de Teofrasto, paixões da Ética a *Nicômaco,* tipos de personagens e tópicas e ações da bucólica de Teócrito e Virgílio, da ode de Horácio, da elegia erótica de Ovídio, também imitando a poesia de Petrarca, Sannazzaro, Tasso, Camões e Guarini. Sua poesia não é mais a do conceito engenhoso do século XVII que hoje é classificada como "barroca"; também não é a poesia romântica, sentimental e patética, do século XIX. Porque é aristotélica, pressupõe o *esse est percipi* da experiência sensível como condição para a experiência do juízo; mas não é empirista ou realista, pois corrige e torna "melhor", aristotelicamente, a natureza dos casos retóricos que imita.

Assim, os seis retratos inéditos que Caio encontrou na Biblioteca Brasiliana Mindlin demonstram que Alvarenga Peixoto conhecia e dominava os preceitos retóricos do gênero epidítico e as técnicas convencionais do retrato do corpo humano. Elas ensinavam o poeta a traçar imaginariamente um eixo vertical que descia da cabeça aos pés do tipo retratado, aplicando ao eixo secções horizontais que fatiavam o rosto e o corpo do retratado. A técnica foi sistematizada por retores gregos, como Hermógenes e Aftônio, retomados no século XII por Geoffroy de Vinsauf e, depois, nos séculos XVI e XVII, por poetas ingleses, espanhóis e italianos, como Donne, Shakespeare, Góngora, Quevedo, Lope, Marino, além de poetas portugueses da *Fênix Renascida* hoje classificados como "barrocos".

Vejam-se algumas coisas mais sobre o retrato. O leitor sabe, o termo português *retrato* deriva do particípio passado do verbo *retirar*, significando *o que foi extraído* ou *retirado*. Nas práticas das letras e das artes pictóricas e plásticas luso-brasileiras dos séculos XVI, XVII e XVIII, essa etimologia aparece na fórmula *tirar polo natural*, que significa a operação de selecionar particularidades de pessoa real ou de pessoa fictícia para com elas lhes compor o retrato. No século XVI, Francisco de Holanda escreveu em seu tratado, *Do Tirar Polo Natural,* que na pintura há três modos básicos para fazê-lo: *o tirar fronteiro*, que corresponde à figuração total do rosto do retratado visto de frente por quem olha; *o tirar de meio rosto*, quando o rosto está virado e dele só se veem meio olho, meio nariz, meia boca e inteiras toda uma face e toda uma orelha, vendo-se o perfil do tipo retratado, o que era considerado uma coisa nobilíssima; e *o tirar um rosto treçado*, ou seja, nem fronteiro nem meio visto, mas numa forma que mesclava as duas perspectivas anteriores. Segundo Francisco de Holanda, o treçado é o melhor dos três modos, pois foge dos extremos e funde os outros dois[4].

No século XVII, Roger de Piles propôs que os traços do rosto retratado deviam ter justeza de desenho e acordo das partes para que o retrato do corpo também fosse retrato da alma. Assim, não era a justeza do desenho o que fornecia alma, mas o acordo das partes, que evidenciava o ânimo e o temperamento da pessoa pintada. Roger de Piles lembra que há muitos

---

4.   Cf. Francisco de Holanda, *Do Tirar Polo Natural*, Lisboa, Livros Horizonte, 1984.

retratos muito corretamente pintados que têm um ar frio, lânguido e estúpido, enquanto outros, sem muita justeza do desenho, evidenciam o caráter da pessoa pintada. Assim, poucos pintores se preocuparam em concordar todas as partes em conjunto: às vezes fizeram uma boca risonha e olhos tristes; outras, olhos alegres e faces caídas, o que muita vez produz um ar falso, contrário aos efeitos da natureza[5].

Desde os tratados romanos de retórica do século I a.C., um meio corrente de compor retrato de pessoa empírica e de pessoa fictícia consistiu em usar argumentos fornecidos pelos onze lugares-comuns de pessoa (*loci a persona*) do gênero epidítico (*tó epideiktikòn génos*), doutrinado por Aristóteles (Aristóteles, *Retórica* 1,3), ou demonstrativo, doutrinado por Quintiliano (*genus demonstrativum*, Quint., *Inst. Orat.* III). Descrevia-se o tipo composto com eles por meio da *notatio* ou *notiuncula*, a "nota" ou "notinha", metáfora (ou metonímia ou sinédoque ou perífrase) que atribuía um caráter ao tipo retratado. Uma exposição das espécies de caracteres se encontra no livro *Caracteres,* de Teofrasto, aluno de Aristóteles.

Assim, no século XVIII, o pintor e o poeta podiam aplicar três técnicas ou maneiras para compor retratos. A primeira consistia na aplicação dos onze lugares-comuns do gênero demonstrativo referidos por Quintiliano e retores que retomam Aristóteles. Propondo que frequentemente se invoca a beleza como prova de luxúria e a força como marca da insolência (e também seus contrários, a feiura e a fraqueza), o poeta e o pintor aplicavam os lugares compositivamente, figurando o tipo com elogio ou vitupério.

A segunda técnica de compor o retrato também era latina e correspondia ao uso da *notatio*, a pequena nota ou perífrase verbal que condensava o caráter belo/bom ou feio/mau do tipo retratado.

Com a terceira técnica, exposta por Aftônio, retor grego que ensinou em Roma no século IV d.C., e retomada no século XII por Geoffroy de Vinsauf, o pintor e o poeta traçam um eixo vertical imaginário da cabeça aos pés do tipo retratado e o dividem em secções horizontais correspondentes

---

5. "Les traits du visage consistent dans la justesse du dessin et dans l'accord des parties, lesquelles toutes ensemble doivent représenter la physionomie des personnes que l'on peint, en sorte que le portrait de leurs corps soit encore celui de leurs esprits. La justesse du dessin qui est requise dans les portraits n'est pas tant ce qui donne l'âme et le veritable air que cet accord des parties dans le moment qui marquee l'esprit et le temperament de la personne. L'on voit beaucoup de portraits correctement dessinés qui ont un air froid, languissant et hébété; et d'autres au contraire qui, n'étant pas dans une si grande justesse de dessin, ne laissent pas de nous frapper d'abord du caractère de la personne pour laquelle ils ont été faits. Peu de peintres ont pris garde à bien accorder les parties ensemble: tantôt ils ont fait une bouche riante et des yeux tristes, et tantôt des yeux gais et des joues relâchées; et c'est ce qui met dans leur ouvrage un air faux et contraire aux effets de la nature" (cf. Roger de Piles, *Cours de Peinture par Principes*, Paris, Gallimard, 1989, p. 130).

ao cabelo, aos olhos, ao nariz, à boca, ao pescoço, ao peito, ao ventre, às pernas e aos pés, que detalha com maior ou menor minúcia.

Os poemas inéditos de Alvarenga Peixoto encontrados por Caio são retratos de seis pastoras, Armânia, Anarda, Josina, Filis, Nise e Filena. Em todos eles, Caio demonstra, Alvarenga Peixoto aplica esse último procedimento. O primeiro deles descreve "Armânia Bela, Gentil Pastora". Começando pela cabeça e rosto, descreve-a até os pés, segundo eixo descendente: "Os teus cabelos... Pintou-te a testa Tétis... No lindo rosto... Por olhos Duas safiras... mosquetas vermelhas rosas sobre as mimosas faces e dentes... pérolas finas e lábios granadas e pescoço... fino Alabastro de mancha ileso que sustenta o peso de tanto Céu... seios no peito dous aposentos e cintura e pés breves".

No retrato de Anarda, repete-se o procedimento: cabelos... raios do louro sol... e a branca testa e os olhos duas estrelas e a linda boca e dentes pérolas e o pescoço móvel coluna de branda cera e a breve cintura e o pequeno pé. O terceiro, de Josina, começa pelos cabelos de seda fios e desce aos belos olhos e boca, corais é pouco rubis pior, e seios esferas que move o Amor até aos pés. O quarto retrato começa no alto, Negros Cabelos, e desce, A cor na testa, ao vê-la a neve preta ficou. E continua, segundo o eixo vertical, olhos que emprestam Luzes ao sol e faces Jardins de Flora, e boca, finas Pérolas e Rubins e Neve coalhada o peito e Cintura breve, até os pés. O sexto, de Filena, aplica os mesmos procedimentos.

Os quarenta poemas que agora se conhecem de Inácio José de Alvarenga Peixoto incluem-se nesse modo urbano de inventar a poesia. Este livro é uma excelente sistematização de seus pressupostos doutrinários e procedimentos técnicos. Desde agora, é referência fundamental para futuros estudiosos da poesia luso-brasileira do século XVIII.

OBRAS POÉTICAS
de
ALVARENGA PEIXOTO

Ler e Produzir Alvarenga Peixoto
no Século XXI[1]

PERCURSO

Em uma tarde, sentado em frente à Biblioteca Florestan Fernandes da USP, comentei com o professor João Adolfo Hansen, que me havia orientado em uma iniciação científica um ano antes, que gostaria de estudar a obra de algum autor do século XVIII luso-brasileiro em meu mestrado. Após alguns nomes e sugestões, ele mencionou a figura de Alvarenga Peixoto, ilustre desconhecido meu e de muitos, sobre quem o último trabalho de fôlego havia sido produzido em 1960 por Manuel Rodrigues Lapa. Por algum motivo, me interessei por esse nome e decidi, depois de nossa conversa, entrar na biblioteca e buscar o estudo de Lapa.

Li com atenção a *Vida e Obra de Alvarenga Peixoto* e conheci um Alvarenga que

[...] não tinha nada de herói. Era antes um pobre e leviano homem, trabalhado por forças obscuras, generoso e afetivo, mas perdulário em extremo, ambicioso e movido por um sentimento de grandeza, que nunca pôde pôr em obra e que afinal o perdeu. Esse homem, a quem uma imaginação doentia desfigurava constantemente o vulto da realidade, veio a ter um fim de vida atroz, num obscuro presídio africano, longe da família que ele tanto amava. Piedade para Alvarenga Peixoto![2]

---

1. Este texto deriva da pesquisa que desenvolvi entre 2014 e 2019 sobre a poesia atribuída a Inácio José de Alvarenga Peixoto. Versões preliminares e parciais de meus argumentos já foram publicadas em trabalhos acadêmicos de outras naturezas, que vão listados nas referências bibliográficas. Aqui, compilo as principais questões que foram suscitadas por esse estudo e as desenvolvo de forma mais coesa.

2. Manuel Rodrigues Lapa, *Vida e Obra de Alvarenga Peixoto*, p. LVI.

Um pouco entretido com o arroubo final que leva o editor a pedir piedade para seu biografado, justificando uma série de atitudes imprudentes de maneira quase clínica, passei à leitura de seus 33 poemas, que me pareceram bastante típicos do que eu já esperava encontrar em um poeta setecentista (imagens simples, temas amorosos, versos de fácil compreensão e de alguma musicalidade, encômios a poderosos etc.). Como Lapa se referia diversas vezes em suas notas filológicas às edições de Joaquim Norberto de Sousa e Silva (publicada em 1865) e Domingos Carvalho da Silva (publicada em 1956), decidi buscar esses dois livros, a título de curiosidade.

O livro de Norberto, *Obras Poéticas de Inácio José de Alvarenga Peixoto Coligidas, Anotadas, Precedidas do Juízo Crítico dos Escritores Nacionais e Estrangeiros e de uma Notícia sobre o Autor e suas Obras com Documentos Históricos*, foi o primeiro a se debruçar exclusivamente sobre a vida e a obra de Alvarenga Peixoto. O tom de Norberto era muito diferente daquele que encontrei em Lapa, ficcionalizando a biografia de Alvarenga Peixoto a tal ponto que por vezes me parecia estar lendo um romance romântico. É o caso dessa pequena passagem, em que Norberto menciona a vida em família do autor em São João del-Rei, Minas Gerais, onde ocupou a função de Ouvidor do Rio das Mortes nomeado pelo rei português D. José I:

> Passava a existência no remanso da paz, revia-se nos seus três filhinhos e sobretudo nessa filha [Maria Ifigênia], que os precedera e que por isso era mais estimada senão adorada, e nos braços da amável consorte esquecia-se dos pequenos e insignificantes desgostos inerentes à existência humana, e julgava-se o ente mais feliz[3].

No entanto, o que mais me interessou nesse livro não foram esses trechos romanceados de sua biografia, mas sim algumas peculiaridades das obras atribuídas a Alvarenga Peixoto. Norberto conhece apenas 27 poemas – "vinte sonetos, duas liras, três odes incompletas, uma cantata, a que deu o título de 'Sonho', e um canto em oitava rima, eis tudo quanto pude colecionar de tão distinto poeta!"[4] – e os edita acrescidos pelas sextilhas "Conselhos a Meus Filhos", que atribui à esposa de Alvarenga Peixoto, a também poeta Bárbara Heliodora Guilhermina da Silveira (*c.* 1759-1819), ausentes na edição de Rodrigues Lapa por não serem obras "genuínas" do autor. A disposição desses poemas também é bastante diferente em Joaquim Nor-

---

3. Joaquim Norberto de Souza e Silva, *Obras Poéticas de Inácio José de Alvarenga Peixoto...*, p. 33.
4. *Idem*, p. 8.

berto, pois segue a divisão dos gêneros poéticos e não busca pela cronologia biográfica em que Alvarenga os teria composto, como o faz Lapa. Apesar de não notar à época as divergências no estabelecimento dos textos poéticos ali impressos, a experiência de leitura desses dois livros me produziu a sensação da existência de dois Alvarengas diferentes, ainda que cada um deles fosse apresentado como o único possível por seu respectivo editor.

Domingos Carvalho da Silva, em 1956, buscou apenas colocar novamente em circulação os poemas compilados por Joaquim Norberto, sem empreender ele mesmo um trabalho arquivístico de fôlego. A qualidade de seu trabalho editorial é bastante questionável e culmina na exclusão de poemas com base em critérios muito frágeis (que discutirei mais adiante). Apesar disso, Carvalho da Silva tem momentos pertinentes em sua apresentação da vida de Alvarenga Peixoto, nos quais busca desconstruir alguns lugares--comuns que os biógrafos do século XIX atribuíram ao poeta. Bom exemplo é o caso do polêmico depoimento de Alvarenga no processo da devassa da Inconfidência Mineira, em que o ouvidor teria traído seus companheiros e amigos. Para Norberto, isso foi uma queda moral causada por torturas no cárcere da Ilha das Cobras, que levou o poeta a se esquecer "dos deveres que consagra a religião da amizade"[5]. Domingos Carvalho da Silva defende que Alvarenga teve um pensamento prático típico de pessoas que conheciam o *modus operandi* do direito colonial luso-brasileiro:

Só os fabricantes de heróis de festas cívicas podem acusá-lo de ter fraquejado no decurso do processo. É evidente que Alvarenga – antigo juiz – não se comportaria perante a Justiça como um leigo. Nem ele nem Gonzaga assim se comportaram[6].

E prossegue:

E se a Inconfidência era um sonho, a realidade que se seguiu era bem mais dura do que poderiam suportar homens a quem nem a vida, nem a Coroa, tinham recusado nenhum favor[7].

Após a leitura desses três editores e a percepção de algumas diferenças e continuidades em suas interpretações e edições desses poemas, decidi

---

5. *Idem*, p. 50.
6. Domingos Carvalho da Silva, *Obras Poéticas de Inácio José de Alvarenga Peixoto*, p. 10.
7. *Idem, ibidem*.

fazer um longo levantamento bibliográfico da fortuna crítica de Alvarenga Peixoto desde inícios do século XIX. Publiquei uma releitura crítica dessas interpretações como primeiro capítulo da minha dissertação de mestrado *Alvarenga Peixoto e(m) seu Tempo*[8]. Esse trabalho me mostrou, com bastante evidência, que havia problemas sérios na forma como os poemas atribuídos a Alvarenga Peixoto eram lidos e editados desde o século XIX, e me fez voltar a atenção à busca das fontes primárias desses textos, por meio de pesquisas em arquivos e bibliotecas públicas no Brasil e em Portugal, que só foram possíveis graças às bolsas concedidas pela Fundação de Amparo à Pesquisa do Estado de São Paulo (Fapesp), à liberdade de pesquisa e ao apoio acadêmico que me foram garantidos por João Adolfo Hansen e à acolhida amiga que recebi das funcionárias do Instituto de Estudos de Literatura e Tradição, da Faculdade de Ciências Sociais e Humanas da Universidade Nova de Lisboa (IELT–FCSH–UNL), e de meu supervisor no Exterior, o Prof. Dr. Gustavo Rubim. Essa pesquisa resultou em uma reedição dos poemas atribuídos a Alvarenga Peixoto, que agora somam quarenta textos (os 33 conhecidos por Lapa, acrescidos de um soneto descoberto por Francisco Topa em 1998[9], e seis retratos inéditos que tive a sorte de localizar na Biblioteca Brasiliana Guita e José Mindlin da Universidade de São Paulo).

A seguir, exponho algumas das principais discussões conceituais que me levaram a propor uma reedição dessa poesia com critérios efetivamente inéditos até este ponto, que se apresenta agora em livro para público mais amplo[10].

DISPOSIÇÃO

Ao lermos um livro de poesia, geralmente a ordem dos textos ali editados se apresenta como autoevidente. No entanto, ao confrontarmos duas ou três edições de uma mesma obra, é possível percebermos diferenças significativas na ordem que os editores impõem aos textos. Esse tipo de variação na disposição de textos dentro de um livro é parte inevitável do processo editorial, mas implica uma série de pressupostos teóricos e metodológicos que raramente são discutidos, embora afetem diretamente a experiência do leitor e modifiquem consideravelmente o juízo crítico que leitores de uma

---

8. Caio Cesar Esteves de Souza, *Alvarenga Peixoto e(m) seu Tempo*, pp. 15-59.

9. Cf. Francisco Topa, *Quatro Poetas Brasileiros do Período Colonial – Estudos sobre Gregório de Matos, Basílio da Gama, Alvarenga Peixoto e Silva Alvarenga*.

10. Para uma discussão mais extensa desses temas, cf. o segundo capítulo de minha dissertação já mencionada.

determinada época produzem acerca de textos de outros tempos. O caso de Alvarenga Peixoto é bastante emblemático disso. Abaixo, reproduzo o esquema da disposição de seus textos nos três editores já mencionados.

Tabela 1. *Posição dos Poemas de Alvarenga Peixoto nas Edições Anteriores de Suas* Obras Completas

INCIPIT DO POEMA	NORBERTO (1865)	CARVALHO (1956)	LAPA (1960)
"Oh Pai da Pátria, Imitador de Augusto"	1 [1]	1	2
"A América Sujeita, Ásia Vencida"	2 [1][a]	4	15
"Do Claro Tejo à Escura Foz do Nilo"	3 [1][a]	10	17
"Expõe Tereza Acerbas Mágoas Cruas"	4 [1][b]	15[b]	20
"A Paz, a Doce Mãe das Alegrias"	5 [1][b]	24[11]	33
"Por mais que os Alvos Cornos Curve a Lua"	6 [1][b]	16[b]	4
"Honradas Sombras dos Maiores Nossos"	7 [1][c]	11[c]	19
"Se Armada a Macedonia ao Indo Assoma"	8 [1][c]	12[c]	16
"Que Mal se Mede dos Heróis a Vida"	9 [1][c]	13[c]	27
"De Meio Corpo Nu Sobre a Bigorna"	10 [1]	21	25
"Nas Asas do Valor em Ácio Vinha"	11 [1]	5	1
"Amada Filha, É Já Chegado o Dia,"	12 [1]	—	24
"Nem Fizera a Discórdia o Desatino"	13 [1]	7	8
"Eu Vi a Linda Estela, e Namorado"	14 [1]	8	6
"Não Cedas, Coração, pois nesta Empresa"	15 [1]	6	7
"Peitos que o Amor da Pátria Predomina"	16 [1]	17	22

11. Embora indique ser dedicado à rainha D. Maria I, Carvalho não o edita ao lado dos outros sonetos atribuídos à monarca.

"Eu não Lastimo o Próximo Perigo"	17 [1][d]	25	32
"Não me Aflige do Potro a Viva Quina"	18 [1][d]	23	31
"A Mão, que a Terra de Nemeu Agarra"	19 [1]	9	30
"Entro Pelo Uraguai: Vejo a Cultura"	20 [1]	2	5
"A Minha Anarda"	21 [2]	14	18[12]
"Bárbara Bela"	22 [2]	22	21
"Não os Heróis, que o Gume Ensanguentado"	23 [3]	3	14
"Invisíveis Vapores"	24 [3]	19	29
"Segue dos Teus Maiores"	25 [3]	—	26
"Oh, que Sonho, oh, que Sonho eu Tive Nesta"	26 [4]	18	28
"Bárbaros Filhos destas Brenhas Duras"	27 [5]	20	23
"Meninos, eu Vou Ditar"	28 [6]	—	—
"Tarde Juno Zelosa"	—	—	3
"De açucenas e Rosas Misturadas"	—	—	9
"Chegai, Ninfas, Chegai, Chegai, Pastores"	—	—	10
"Passa-se a Hora, e Passa-se Outra Hora"	—	—	11
"Depois que dos seus Cães e Caçadores"	—	—	12
"Ao Mundo Esconde o Sol seus Resplandores"	—	—	13

[1] Sonetos. [2] Liras. [3] Odes. [4] Cantata. [5] Canto Genetlíaco. [6] Sextilhas.

a. Poemas em louvor ao Rei D. José; *b*. Poemas em louvor da Rainha D. Maria; *c*. Poemas em louvor ao Marquês de Lacradio; *d*. Poemas de prisão.

A diferença na ordem dos poemas é bastante notável e o critério para a sua fixação dessa maneira nem sempre é explicitado em detalhes pelos editores. Norberto escolhe apresentá-los segundo a atribuição que faz desses poemas a seis formas poéticas de tradição lírica (sonetos, liras, odes, cantata,

12. Lapa o edita com o *incipit* "Marília Bela".

canto genetlíaco e sextilhas), numerados na tabela acima de [1] a [6], respectivamente. No entanto, não há qualquer discussão sobre a posição que cada poema ocupa dentro dessas subdivisões. Carvalho da Silva, cerca de noventa anos mais tarde, disse não ver motivos para seguir a disposição de Norberto, já que ela não era fruto de "sugestão do autor", e propôs "dispor os poemas de modo a que correspondam à ordem cronológica do seu aparecimento, ou pelo menos à ordem cronológica mais provável"[13]. Seu livro, porém, não apresenta qualquer justificativa razoável para sustentar essa probabilidade cronológica que diz empregar em sua disposição.

Rodrigues Lapa também tenta reconstituir a ordem cronológica de produção dos poemas, o que é coerente com sua proposta de utilizar os "documentos que jazem no pó dos arquivos, sem os quais não se pode fazer história"[14], para reconstruir a biografia de Alvarenga Peixoto. No entanto, quando passei a analisar caso a caso, pude notar que esses documentos extensamente consultados e editados por Lapa não forneciam elementos suficientes para que ele tivesse podido datar a produção dos poemas convincentemente. Isso se expressa em seu texto por meio de uma constante hesitação na apresentação de suas datações em notas de rodapé, que podem ser localizadas em diversos poemas: "Traduz, *segundo parece*, a reação do jovem estudante, ao frequentar, com dezessete anos, por 1760, a Universidade de Coimbra"; "Também *parece ser* um exercício poético dos anos de mocidade, feito durante as tarefas escolares"; "O soneto *deverá datar, pouco mais ou menos*, de 1769 a 1770, logo, sete anos antes da aclamação da Rainha" etc.[15]

Quando a desconfiança em relação a essas datações propostas por Carvalho e Lapa se tornou incontornável, passei a buscar as evidências que justificariam esse tipo de decisão editorial subjetiva. O problema é que os editores raramente explicitam o método utilizado para chegar às suas conclusões. Lapa muitas vezes recorre a leituras biográficas dos poemas buscando, de maneira detetivesca, "pistas" que permitam identificar quem seria essa ou aquela *persona* feminina e, a partir daí, supor onde e quando o poeta teria produzido aquele texto. Carvalho utiliza suas interpretações pessoais para ordená-los, sem apresentar quaisquer argumentos que justifiquem sua decisão. É por isso que, embora os dois editores utilizem o mesmo critério cronológico para ordenar os poemas atribuídos a Alvarenga Peixoto, as disposições são radicalmente diferentes.

13. Domingos Carvalho da Silva, *Obras Poéticas de Inácio José de Alvarenga Peixoto*, p. 16.
14. Manuel Rodrigues Lapa, *Vida e Obra de Alvarenga Peixoto*, p. IX.
15. Notas aos poemas 2 a 4, na edição de Lapa, com grifos meus.

Não devemos pressupor, a partir disso, que qualquer tentativa de datação desses textos seja infrutífera. As fontes materiais dos poemas nos permitem muitas vezes localizá-los historicamente, embora essa datação seja sempre condicionada a períodos relativamente longos de tempo. Por exemplo, o Códice 8.610, descoberto por Lapa na Biblioteca Nacional de Lisboa com cinco sonetos atribuídos a Alvarenga Peixoto até então inéditos, apresenta em sua folha de rosto a data de 1786, o que nos dá uma ideia bastante vaga, embora necessariamente verossímil, de que os poemas tenham sido produzidos antes dessa data. O "Sonho Poético" narra uma prosopopeia em que o Pão de Açúcar se transforma em um índio que se ajoelha diante da rainha D. Maria e louva "o nome da Augustíssima Imperante". Como a aclamação de D. Maria como rainha se dá apenas em 1777, podemos ter alguma certeza de que o poema não foi feito antes dessa data. Por fim, o famoso "Canto Genetlíaco" é um poema em louvor ao nascimento de D. José Tomás de Menezes; como esse nascimento ocorreu em 1782, o poema certamente não foi proferido em público antes desse ano, assim como é provável que não tenha sido publicado muitos meses depois do nascimento da criança.

Portanto, é perfeitamente viável datar muitos desses poemas com base em critérios desse tipo. Mas cabe apontar que a cronologia está longe de ser o único instrumento para definir a disposição desses poemas em uma edição. Sobre isso, chamo novamente a atenção à edição de Norberto, não apenas para a disposição dos poemas em relação a seus gêneros, mas para o fato de que existem subconjuntos dentro de cada uma das partes de seu livro. Por exemplo, o segundo e o terceiro poemas são apresentados, na didascália, como tendo D. José I como seu tema; do quarto ao sexto poemas, existem didascálias que os propõem como um conjunto de textos dedicados à rainha D. Maria I, inclusive com a presença do dêitico "À *mesma* rainha" (grifo meu), exigindo que o leitor se recorde ao menos tematicamente dos poemas anteriores; do sétimo ao nono poema, todos se referem ao Marquês de Lavradio, também se valendo do dêitico, como no caso anterior; por fim, o décimo sétimo e o décimo oitavo apresentam o mesmo tema da prisão, mas sem a prescrição feita pelo dêitico, o que deixa o leitor um pouco mais livre para lê-los independentemente ou em conjunto.

O que isso implica na experiência de leitura dos poemas? Ao fazer isso, Norberto cria, dentro de suas divisões genéricas, subconjuntos temáticos. Quando utiliza o dêitico "mesmo", ele indica que o leitor deve relacionar tematicamente aquele texto aos que o antecedem, prescrevendo assim um protocolo de leitura. Essa prática não é nova e o estudo de Marcello Moreira e João Adolfo Hansen sobre a poesia atribuída a Gregório de Matos e Guerra demonstra que essa mesma prática editorial ocorria na manuscritura colonial. Eles apontam que as didascálias encontradas em códices manuscritos eram adicionadas aos poemas posteriormente por letrados que os liam e decidiam particularizar o sentido normalmente mais geral que aqueles poemas satíricos, no caso de Gregório de Matos, veiculavam, para aplicá-los a tipos sociais específicos.

Já que as didascálias funcionam como protocolos de leituras e dada sua composição posterior à fatura do poema [...]. Quanto mais genérico for o vitupério, mais fundamental será o papel da didascália como unidade paratextual que o particulariza em caso ou evento[16].

Dessa forma, as didascálias acrescentadas por Norberto criam uma série de pequenas "unidades narrativo-poéticas", que circunscrevem o sentido dos poemas em um apanhado específico de referenciais discursivos, prescrevendo uma leitura como autorizada e, por consequência, desautorizando leituras conflitantes[17].

A utilização desses dois critérios dispositivos como autoevidente nos três editores que se dedicaram ao caso Alvarenga Peixoto antes de mim deve, portanto, servir de evidência do quão não evidente é a escolha de qualquer critério de disposição. Quando fui aos arquivos, notei que raramente encontrava didascálias antecedendo os poemas atribuídos a Alvarenga Peixoto. Em alguns casos, sequer encontrava a atribuição de autoria a esses poemas. Muitos deles estavam em códices manuscritos com poemas dos mais variados gêneros, escritos pelos mais diversos autores luso-brasileiros de diferentes épocas. Geralmente, havia apenas uma designação genérica "Soneto" antes do início do poema e, quando muito, a atribuição de autoria "Alvarenga" em um canto da folha. Diante dessa realidade material, ficou claro que para evitar incorrer nos mesmos problemas que me incomodavam nas outras edições dos poemas atribuídos a Alvarenga Peixoto, eu precisaria não apenas explicitar os critérios que utilizo aqui para dispor seus poemas, mas também discutir algumas implicações desses critérios na experiência de leitura desta edição. O que nos leva à segunda discussão que serviu de base a este trabalho.

---

16. João Adolfo Hansen e Marcello Moreira, *Poesia Atribuída a Gregório de Matos e Guerra: Códice Asensio-Cunha*, vol. 5, p. 172.

17. João Adolfo Hansen e Marcello Moreira chegam a uma conclusão análoga no caso Gregório de Matos (*idem*, pp. 172-176).

OBRA E ESTILO AUTORAL

Ao observar a disparidade entre as edições e as fontes primárias que encontrava em arquivos portugueses e brasileiros, imediatamente surgiu a questão de como era possível me referir ao conjunto desses escritos como *A Obra de Alvarenga Peixoto*, já que não havia qualquer unidade material possível entre essas produções. Analisando as edições e os manuais de edição mais correntes nas universidades brasileiras, percebi que o conceito de obra e autoria se unem sempre por uma abstração pouco definida que é o "estilo autoral". A filologia praticada por Rodrigues Lapa, de base neolachmanniana, propõe que o editor deve buscar reconstituir os textos editados segundo a sua forma genuína, ou seja, a forma que melhor corresponda à última vontade do autor. Mas como é possível e por que seria desejável definir qual teria sido a última vontade autoral?

As vontades são disposições dos sentimentos de foro privado que só podem ser conhecidos quando ditos explicitamente por aqueles que os sentem ou quando são inferidos por outros baseados em indícios de ações ou fragmentos de textos em que supõem haver algum desejo implícito de seu autor. No caso de um poema composto por uma imensa quantidade de versos decassílabos e apenas um verso de onze sílabas, por exemplo, seria possível inferir que esse verso tenha sido mal composto e, portanto, que não expressa a vontade autoral. Mesmo que o escrito seja feito pelo próprio punho do autor, para essa filologia que busca reconstruir o texto de acordo com a última vontade autoral, ele não será totalmente genuíno, pois supõe que o poeta não deve ter tido tempo de revisar a metrificação. Nesse caso, caberia ao editor corrigir o verso, tornando o poema uniforme, seguindo o que supõe ser a vontade autoral.

No entanto, o poema supostamente irregular foi assim recebido por diversos leitores até que chegasse à mão do editor, possivelmente sendo emendado no ato da leitura da forma que parecesse mais adequada aos seus leitores, o que produzia uma práxis poética bastante complexa, que exigia um esforço efetivamente ativo no ato de leitura. Nesse caso, emendar o verso não implicaria cercear aos leitores futuros a possibilidade de aderir, conscientemente ou não, a essa prática de leitura produzida pelo escrito? A vontade autoral, tão precariamente reconstruída por meio de um processo de ficcionalização da atividade filológica, seria mais relevante que a manutenção da possibilidade dessa prática de leitura materialmente produzida?

Para que não fiquemos apenas em abstrações, analisemos o caso específico de um soneto atribuído a Alvarenga Peixoto[18]. Na edição de Rodrigues Lapa, é o sexto poema editado:

Eu vi a linda Jônia e, namorado,
fiz logo voto eterno de querê-la;
mas vi depois a Nise, e é tão bela,
que merece igualmente o meu cuidado.

A qual escolherei, se, neste estado,
eu não sei distinguir esta daquela?
Se Nise agora vir, morro por ela,
se Jônia vir aqui, vivo abrasado.

Mas ah! que esta me despreza, amante,
pois sabe que estou preso em outros braços,
e aquela me não quer, por inconstante.

Vem, Cupido, soltar-me destes laços:
ou faze destes dois um só semblante,
ou divide o meu peito em dois pedaços!

Trata-se de um poema bastante convencional, facilmente reconhecível como produto da poética das letras setecentistas. Enquanto soneto, todos os seus versos são decassílabos; seu esquema de rima é um exemplo perfeito do soneto petrarquista (ABBA ABBA CDC DCD); a matéria do texto é bastante tradicional, apresentando os sofrimentos amorosos de um homem que ama duas mulheres ao mesmo tempo e é desprezado por ambas devido ao seu comportamento inconstante. Esse poema é um exemplo perfeitamente didático do que se imagina ser um soneto do século XVIII na poesia luso--brasileira. Sua forma é perfeitamente uniforme e coesa, sem qualquer perturbação de sua regularidade. Por isso, causa espanto o contato material com

---

18. Tenho discutido o caso deste poema em alguns congressos desde meu mestrado, e gostaria de agradecer aos comentários e discussões feitos nas apresentações do Seminário do Programa de Pós-Graduação em Literatura Brasileira da USP (2017) e na conferência anual da *American Portuguese Studies Association* (APSA) em Ann Arbor (2018), que certamente me ajudaram a definir melhor meus argumentos sobre este caso. Recentemente, também publiquei uma discussão preliminar desse caso em um periódico acadêmico (Caio Cesar Esteves de Souza, "Construindo um Autor Colonial na América Latina").

os dois manuscritos que Lapa utiliza para fazer sua colagem e estabelecer o texto de sua edição. Transcrevo esses dois escritos abaixo, sem modernizá-los. À esquerda A, o poema se encontra em uma folha avulsa localizada na Biblioteca da Ajuda, em Lisboa; à direita B, o soneto como está registrado num códice manuscrito da Biblioteca Geral da Universidade de Coimbra.

<table>
<tr><td>[A]</td><td>[B]
Sonetto</td></tr>
<tr><td>

Eu vi a linda Estela e namorado
Fiz logo eterno voto de querella
Mas vi depois a Nize, e he tão bella
que merece igualmente o meu cuidado

A qual escolherei se neste estado
Não posso destinguir Nize de Estella
Se Nize agora vir morro por ella
Se Estella vir aqui fico abrazado.

Mas ah que esta me despreza amante
Pois sabe que estou prezo em outros braços
E esta me não quer por inconstante

Vem Cupido a soltar-me destes laços
[Oh face de ˡᵒˢhum Semblante]
Oh faze de dois Semblantes hum Semblante
Ou divide meu peito em dois pedaços[19]

</td><td>

Eu vi a linda Jonia enamorado
  Fis logo voto eterno de querella.
  Mas vi depois a Nize, e he tão bella
  Que merece igualmente o meo cuedado.

A quâl escolherei se neste estado
  Eu não sei destinguir esta, daquella
  Se Nize agora vir. morro por ella
  Se Jonia vir aqui vivo abrazado:

Mas acho, que esta me despresa amante
  Pois sabe, que estou prezo em outros laços
  E aquella mê não quer por inconstente.

Vem cupido soltar me destes laços
  'Ou faze destes dois hum so semblante
    Ou devide [o meo]o peito meo em dois[20]

</td></tr>
</table>

É bastante claro que existem muitas oscilações formais entre esses manuscritos. Em primeiro lugar, os nomes das duas *personae* femininas oscila de um escrito para o outro. Em [A], temos uma oposição entre Estela e Nise, enquanto em [B], a oposição é estabelecida entre Jônia e Nise. Não há qualquer elemento textual que nos permita dizer qual nome seria mais adequado à "vontade autoral", se o de Jônia ou Estela, já que os dois são perfeitamente viáveis e consideravelmente recorrentes na poesia setecentista. Trata-se, portanto, de variantes adiáforas, ou seja, duas possibilidades textuais

19. BA, MS. 49-III-54 n. 54.
20. BGUC, MS. 2814, p. 89.

concorrentes e semanticamente viáveis que não configuram erro de copista. Escolher uma em detrimento de outra é um ato de prescrição de um sentido e apagamento da concorrência de interpretações. Norberto e Carvalho seguem a lição de [A]. Lapa, por sua vez, escolhe editar [B], substituindo "Estela" por "Jônia". O que justificaria essa inovação editorial de Lapa?

Em comentário a outro soneto atribuído a Alvarenga Peixoto – "De açucenas e rosas misturadas" –, em que também aparece a *persona* Jônia, lemos em seu prefácio:

> Não podia haver a menor dúvida sobre a musa inspiradora do soneto: Jônia, embora formosa, não era uma dessas belezas de espalhafato, que se impunham por qualidades propriamente físicas; sua formosura era realçada por um dom mais excelso e menos caduco: o dom da poesia. Está nomeada a bela musa: D. Joana Isabel de Lencastre Forjaz [...][21].

D. Joana Forjaz efetivamente assinava seus poemas com o pseudônimo Jônia e é provável que Alvarenga Peixoto, como seus contemporâneos Caldas Barbosa e Basílio da Gama, tenha frequentado seu círculo poético, mas o que autoriza o editor a uma passagem tão categórica de um nome genérico como Jônia para essa interpretação biográfica? Trata-se justamente da constante busca detetivesca por um significado genuíno dos textos, que explicitaria a última vontade autoral. Essa mesma busca faz Lapa fixar o nome "Jônia" como mais adequado ao soneto transcrito acima, sem possibilitar ao leitor o confrontamento real com essa variação de sentidos, apenas indicada *en passant* em suas notas de rodapé.

O que proponho nesta edição vai no caminho oposto ao seguido tanto por Lapa quanto pelos outros editores que me antecederam. Creio que esse poema é composto por dois escritos que, lidos em conjunto, permitem que vislumbremos a sua situação de *performance*. O fato de que apenas um dos nomes é mudado em cada um dos escritos me parece ser indicativo de que o poema foi adaptado para a apresentação oral em diferentes certames poéticos. Era prática comum no século XVIII luso-brasileiro que letrados improvisassem versos em reuniões poéticas, para mostrar o refinamento de seu engenho e o domínio que tinham do costume poético setecentista e clássico. Alguns desses letrados, no entanto, levavam memorizados poemas inteiros ou trechos de poemas para que pudessem fazer apenas pequenas

---

21. Manuel Rodrigues Lapa, *Vida e Obra de Alvarenga Peixoto*, p. XVIII.

variações no momento da *performance,* construindo, retoricamente, a impressão de espontaneidade a partir de um repertório previamente composto e memorizado. Caldas Barbosa, em seu recentemente reeditado poema herói-cômico "A Doença", primeiramente publicado em 1777, faz uma crítica explícita a essa prática:

'Nos certames Poéticos temido
Eu fazia calar-se arrependido
Aquele que soberbo se me opunha
E disto é muita gente testemunha.

'Não ia como muitos preparado
Com um métrico enfeite decorado
De palavras pomposas retinintes
Que deixam como absortos os ouvintes
Sem saber o que ouviram: *nem levava*
Como algum a cabeça que ajustava
A todo o corpo vão que ali fazia
E em outros muitos corpos mais servia:
Eram versos meus ali formados
E aos motes propriamente acomodados:
Assim me ouviu Coimbra e tem ouvido
As terras por que eu tenho discorrido[22].

Os dois escritos que transcrevi acima, preservados na Biblioteca da Ajuda e na Biblioteca Geral da Universidade de Coimbra, apresentam oscilações textuais que parecem corroborar a minha proposta de que se trata de fixação escrita de textos orais produzidos para certames poéticos. No primeiro verso, a oscilação entre "e namorado" e "enamorado", embora tenha uma ligeira variação de sentido, não apresenta qualquer diferença rítmica ou sonora. A variante indica, portanto, uma alta probabilidade de que os copistas que fixaram o texto em papel o tenham feito a partir de *performances* orais, e não de textos escritos; as duas versões são frutos de interpretações divergentes de conjuntos fônicos semelhantes. A variação entre "eterno voto" e "voto eterno" tampouco altera significativamente o sentido ou a métrica do poema, e parece ser fruto de duas representações orais dis-

---

22. Domingos Caldas Barbosa, *A Doença*, p. 82. Grifo meu.

tintas. Esse tipo de inversão sintática sem alteração métrica pode servir de indicativo de que entre as *performances* orais e a fixação do texto por meio da escrita há um hiato temporal que faz com que memória e esquecimento participem do processo de produção e circulação dessa poesia pela manuscritura. A própria oscilação entre Estela e Jônia pode ser fruto das circunstâncias de sua apresentação: por meio do improviso, o recitador pode ter alterado o nome da *persona* para agradar a alguém presente na ocasião de *performance*, sem prejudicar em nada o ritmo do poema.

A maior evidência, no entanto, vem no último terceto. O fato de os dois manuscritos terem algum verso quebrado na última estrofe demonstra um ruído na transmissão oral desse texto. A poesia transmitida oralmente é guardada sobretudo na memória de seus intérpretes. Falhas nessa memória podem ocasionar a transmissão de versos truncados, o que parece ser o caso desse último terceto, sobretudo quando examinamos diretamente os manuscritos:

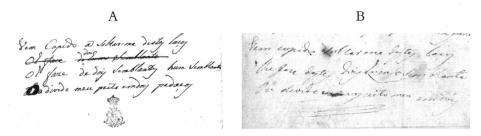

Fig. 1. BA, MS. 49-III-54 n. 54. Fig. 2. BGUC, MS. 2814, p. 89.

O copista de A escreve o segundo verso do último terceto como "Oh face de hum semblante" e tenta corrigi-lo três vezes: primeiro, adiciona o "dois" sobrescrito, entre "de" e "hum". Percebendo que o ritmo continua truncado, risca o verso e resolve reescrevê-lo como "Oh faze de dois semblantes hum semblante", duplicando a palavra "semblante" e criando um verso anômalo de onze sílabas. Essa confusão parece inclusive ter afetado o verso seguinte, que recebe uma rasura já em seu início, como que reverberando o lapso de memória no verso anterior. Já o copista de B não tem qualquer problema com o segundo verso, mas parece se confundir semelhantemente no último verso do poema: começa escrevendo "o meu peito", mas altera para "o peito meu" e esquece de encerrar o verso com a palavra "pedaços", rompendo o esquema métrico (seu verso fica com apenas nove sílabas) e de rimas (o verso deveria terminar em "-aços").

Portanto, quer a minha hipótese se verifique ou não, uma coisa se torna clara quando lidamos diretamente com as fontes materiais desse poema:

a ideia da existência de um *texto genuíno* é inviável, porque sempre inatingível, se desejamos ter alguma objetividade em nossos critérios. A própria busca por essa genuinidade já requer uma deformação enorme dos escritos materiais dessa tradição letrada. Para se aproximarem do que a poesia setecentista *deveria ser*, filólogos como Lapa recusam o que poemas setecentistas *efetivamente são*. Percebi, após o confronto da edição moderna com os manuscritos, que a maior parte do estilo setecentista que notei inicialmente no poema editado por Lapa era produto da filologia de meados do século XX. Esse tipo de filologia apresenta como *genuíno* um texto que efetivamente jamais existiu.

Não quero, com isso, dizer que esse procedimento seja exclusivo de Lapa ou da filologia luso-brasileira do século XX. A desmaterialização de obras está atrelada à construção de cânones de autores desde o século XVIII. Um de seus exemplos mais emblemáticos é o de William Shakespeare, cuja obra deixa de ser um repertório comum de personagens e *topoi* ao qual os dramaturgos podiam recorrer com frequência em suas composições, para se tornar representativa do "gênio" inglês. Nas palavras de Roger Chartier:

> O exemplo mais espetacular da utilização retrospectiva da função-autor no século XVIII é o da canonização de Shakespeare como figura paradigmática da autoridade literária. Até o começo do século, as obras e os personagens de Shakespeare foram para muitos dramaturgos uma propriedade comum, disponível para reescrituras e empréstimos. A partir da década de 1710, suas obras começaram a receber o estatuto de textos canônicos e seu autor já foi construído como a fonte singular de sua perfeição. [...] A aplicação da função-autor a este novo Shakespeare, cujo gênio se considera como o princípio de unidade de sua obra, tem duas consequências. A primeira conduziu a *purgar suas obras de suas grosserias e a corrigir seus textos de acordo com sua nova dignidade estética e moral, como se esta reescritura fosse mais "shakespeariana" que o próprio texto original.* A segunda consequência foi substituir a figura das obras pela do autor. [...] A "invenção" de Shakespeare no século XVIII inicia o processo que transforma um autor, morto (como Shakespeare) ou vivo (como Rousseau), em uma referência e autoridade cuja vida exemplar ou significação nacional se considera como mais fundamental que seus próprios textos[23].

Purgar as obras de suas "grosserias" para que sejam "mais shakespearianas" nada mais é do que apagar qualquer vestígio do presente de enun-

---

23. Roger Chartier, "Trabajar con Foucault: Esbozo de una Genealogía de la 'Función-Autor'", pp. 21-22. Tradução e grifos meus.

ciação dessas obras, para que elas assumam um caráter mais universal e canônico do que efetivamente tinham e passem a justificar interpretações nacionalista das produções letradas inglesas. Da mesma forma, a poesia colonial luso-brasileira passou por uma série de deformações e reconstruções materiais para que se adequassem ao que era esperado de uma sátira "barroca" ou de um soneto "neoclássico", e apresentassem elementos biográficos e historicamente localizáveis que pudessem embasar a interpretação proposta por esse ou aquele estudioso.

Em suma, os conceitos de obra e de estilo autoral e de época serviram historicamente como instrumentos para que algumas interpretações particulares de determinados conjuntos de escritos se tornassem hegemônicas e pudessem operar transformações nos testemunhos da produção, circulação e recepção dessa poesia que chegaram ao nosso tempo. Ao buscar um texto genuíno que melhor represente a última vontade autoral ou o estilo do autor e de sua época (*usus scribendi*), essa prática editorial e crítica exclui toda variante e elementos "acidentais" – pontuação, borrões, rasuras, versos truncados etc. –, vistos como impurezas na transmissão dos textos. O que proponho, aqui, é pensarmos essas "impurezas" como fragmentos da História que estão materialmente preservados em papel e devem ser objetos de nossa recepção crítica[24].

ORIGINAL, POEMA, TEXTO, ESCRITOS, INÉDITOS

Dessa discussão decorre a proposta de que todas as versões encontradas nos arquivos dos poemas atribuídos a Alvarenga Peixoto deveriam ser objetos de consideração acessíveis para o leitor. Mas como tornar isso materialmente possível quando levamos em conta o fato de que a unidade do formato de um livro já excluiria *per se* a possibilidade de apresentar ao leitor a atual dispersão desses poemas nos arquivos lusitanos e brasileiros? Além disso, como viabilizar um projeto em nosso mercado editorial que se propusesse a publicar uma série de variantes de poemas setecentistas atribuídos a um autor menor como Alvarenga Peixoto? A segunda limitação foi resolvida pelo apoio imediato do Brazil Office do David Rockefeller Center for Latin American Studies (DRCLAS), da Harvard University, que aceitou financiar o projeto deste livro. A primeira limitação já era mais complexa e exigia uma série de reflexões e testes que desenvolvi nos últimos cinco anos

---

24. Não se trata, em absoluto, de uma inovação teórica. Há diversos estudos sendo feitos nesse sentido há décadas, mas este é o primeiro que aborda o *corpus* atribuído a Alvarenga Peixoto sob esse viés.

para garantir uma experiência ao leitor que se assemelhasse à busca desses escritos em arquivos.

Logo percebi que a busca por uma nova valorização da materialidade das fontes primárias das letras setecentistas implica, paradoxalmente, um abandono da busca por textos originais. Todos os escritos encontrados em arquivos, sejam eles manuscritos ou impressos, são e foram objetos e frutos de recepção e constituem, portanto, os resquícios materiais dessas obras do passado. Essa percepção me desautoriza postular a existência de um poema Original, que teria sido composto pelo Autor e a partir do qual todas as outras versões ganhariam existência por meio de erros de copistas e de ruídos na transmissão oral. O passado colonial é, hoje, uma ruína; suas letras sobrevivem sobretudo por meio de cópias mais ou menos bem-cuidadas que chegaram aos nossos tempos. A nós, cabe observá-las e estudá-las sem negar o caráter ruinoso que define sua existência histórica.

Proponho os escritos como alteridades materiais que se recusam a se submeter aos critérios atuais de circulação e recepção de poesia. Essa submissão só se faz possível quando excluímos todos os aspectos materiais de insubordinação que esses escritos apresentam[25]. Excluir esses aspectos materiais implica negar a esses escritos a sua alteridade para que o leitor e o editor possam ler os poemas editados como quem lê a si mesmo. Valorizar sua materialidade significa, portanto, ressaltar a minha limitação como editor e intérprete; minha incapacidade de apreender totalmente seu sentido e de apresentar ao leitor uma interpretação definitiva da *Obra de Alvarenga Peixoto* — já que essa materialidade nega a própria existência de uma obra una enquanto conceito. Sobre isso, lembro o estudo já canônico feito por Margreta de Grazia e Peter Stallybrass sobre a materialidade do texto shakespeariano.

Quando a materialidade dos textos mais antigos confronta práticas e teorias modernas, ela as põe em dúvida, revelando que elas também possuem uma história específica e igualmente contingente. Ela nos faz encarar a nossa própria situacionalidade histórica. A materialidade *deste* ensaio, por exemplo, quando cita Shakespeare, em momento algum reproduz a materialidade dos textos shakespearianos mais antigos, mesmo quando os cita diretamente do Fólio de 1623. Não apenas todas as nossas citações shakespearianas estão em tipografia moderna, mas

---

25. Refiro-me a grafemas não mais utilizados; pontuação regrada por critérios não gramaticais, mas retóricos; movência na grafia de palavras ainda em uso; diferente uso (por vezes com motivação quase indecifrável para nós) de letras maiúsculas e minúsculas; rasuras; borrões; versos truncados; presença em códices não autorais; circulação em folha volante; ausência de atribuição de autoria; inexistência de didascálias que nos permitam situá-los em relação à biografia do poeta etc.

emendamos silenciosamente *s* longos para *s*, alguns *us* para *vs*, alguns *vs* para *us*. Fazemos isso porque, a despeito de nossa insistência na especificidade de textos da Idade Moderna, não temos qualquer desejo de perpetuar a ilusão de que estamos apresentando um texto "original" ou "não editado", seja em sua forma deteriorada dos arquivos ou como um simulacro reconstituído. Mesmo se pudéssemos nos convencer de que tivéssemos um texto "original" e "inédito", teríamos estabelecido não sua existência, mas a persistência das categorias epistemológicas que nos fazem crer em sua existência[26].

Portanto, sempre que eu ou qualquer outro editor imprimirmos aqueles manuscritos, ainda que em edições exclusivamente fac-similares, estaremos reproduzindo o passado no presente, por meio de critérios epistemológicos atuais, valendo-nos de instrumentais críticos, filológicos, mercadológicos e tecnológicos contemporâneos e, portanto, estaremos nos distanciando desse passado e de suas ruínas que chegaram aos nossos tempos. Meu objetivo com esta edição é permitir que o leitor tenha uma experiência tão próxima quanto for possível com o estado atual da materialidade histórica que nos lega essa poesia. Quero reproduzir os elementos que a distanciam de nosso modo de compreender a circulação de textos poéticos e, também, reproduzir as lacunas que não nos permitem totalizar seu sentido. Em outras palavras, quero reproduzir a nossa limitação e demonstrar a necessidade de entendermos esses textos do passado colonial como uma alteridade, para que não incorramos em anacronismos ingênuos que os reduzem a estilos de época esquemáticos ou a traços representativos do perfil biográfico e psicológico de seu suposto autor.

Dito isso, algumas definições conceituais se fazem necessárias[27]. Primeiramente, uma vez que aceitemos a ineficiência de recorrer a essas fontes primárias buscando encontrar textos originais ou reconstituir textos genuínos, elas passam a se dividir conceitualmente em duas categorias: poema/texto e escrito. O conjunto das obras poéticas atribuídas a Alvarenga Peixoto é composto atualmente por quarenta poemas ou textos: os 33 editados por Lapa, o soneto inédito encontrado por Francisco Topa em Évora e os seis inéditos que localizei em São Paulo. Além disso, incluo nesse *corpus* as sexti-

---

26. Margreta de Grazia & Peter Stallybras, "The Materiality of the Shakespearean Text", p. 257. Tradução minha.

27. Não tenho qualquer pretensão de teorizar longamente sobre esses conceitos, que já foram muito discutidos por filólogos, analistas do discurso, semioticistas e críticos literários ao longo de décadas de forma muito mais competente. Apenas apresento aqui as definições que utilizo na fatura desta edição para explicitar meus pressupostos e não incorrer no mesmo problema que aponto nos outros editores deste *corpus*.

lhas "Conselhos a Meus Filhos", de provável autoria de Bárbara Heliodora Guilhermina da Silveira, por motivos que explicarei adiante. Trata-se de 41 textos totalmente distintos uns dos outros, mas que se encontram nos arquivos aqui compilados em 63 escritos. Compreendo *texto* ou *poema* como uma abstração interpretativa: ao lermos dois escritos que apresentam uma quantidade bastante considerável de semelhanças, nós os abstraímos como sendo dois registros escritos de um mesmo texto ou poema. Como proponho apresentar os poemas atribuídos a Alvarenga Peixoto em seus aspectos materiais ao leitor atual, nesta edição eu compilo todos os escritos que compõem esse *corpus*, sem abstraí-los para eliminar repetições de poemas[28].

Qual o efeito prático disso? Para 29 dos 41 poemas, não há qualquer diferença significativa entre sua existência nesta edição e nas outras: estarão copiados apenas uma vez, já que existe apenas um escrito localizado para cada um desses textos. Há poemas, no entanto, que estão presentes em vários escritos e, por isso, aparecerão copiados aqui várias vezes. É o caso do soneto "A Paz, a doce Mãe das alegrias", dedicado a D. Maria I e anexado à defesa de Alvarenga Peixoto no processo da Inconfidência Mineira. Esse poema também está presente no Manuscrito 7008 da Biblioteca Nacional de Portugal, no Manuscrito 542 do Fundo Manizola do Arquivo Distrital de Évora, e no *Parnaso Brasileiro*, de Januário da Cunha Barbosa. Portanto, aparecerá neste livro em quatro momentos distintos da edição, para que possa ser lido no contexto de sua circulação material. Como esse soneto, onze outros poemas atribuídos a Alvarenga Peixoto são compostos por mais de um escrito e, portanto, são editados mais de uma vez neste livro.

Por fim, cabe apontar uma questão menor, mas que não deve ser deixada de lado: me referi várias vezes a seis poemas inéditos que localizei em São Paulo. Efetivamente, esses poemas nunca foram editados por outros letrados desde o século XIX, e a fortuna crítica de Alvarenga Peixoto os desconhecia inteiramente até 2017, quando os publiquei em minha dissertação de mestrado. No entanto, propor o ineditismo desses poemas é, também, um problema conceitual, pois eles foram devidamente editados e copiados ao fim do quinto volume do códice manuscrito *Flores do Parnaso ou Coleção de Obras Poéticas de Diferentes Autores Juntas pelo Cuidado de I...N...T...M...*, que se encontra atualmente na Biblioteca Brasiliana Guita e José Mindlin da USP. Trata-se de uma coletânea de cinco códices manuscritos mui-

---

28. Agradeço a Adma Fadul Muhana por ter apontado essa distinção durante a sua participação em minha banca de mestrado. Meses depois, também atentei ao fato de que Marcello Moreira havia discutido mais longamente essa questão (cf. Marcello Moreira, *Critica Textuallis in Caellum Revocata?*, pp. 74-86).

to bem-cuidados, datados provavelmente dos últimos anos do século XVIII. Não tenho qualquer informação sobre o autor da coletânea além de suas iniciais; também não consegui localizar informações sobre seu primeiro dono. O máximo de informações que conhecemos é que, antes de pertencer a José Mindlin, os cinco volumes compunham a biblioteca de Rubens Borba de Moraes. Suas páginas não são numeradas, e os códices compilam obras atribuídas a diversos autores, majoritariamente luso-brasileiros. Até o século XIX, a circulação manuscrita é também uma forma comum de publicação e não deve ter um estatuto inferior à publicação em livro impresso. O ineditismo é, portanto, uma categoria local: tendo em vista o nosso tempo, o debate acadêmico que tem ocorrido nos últimos dois séculos e o fato de esses textos serem totalmente desconhecidos para todos os letrados que se dedicaram à obra de Alvarenga Peixoto desde o século XIX, fico autorizado a considerá-los inéditos reconhecendo, no entanto, que esse ineditismo advém de nossa ignorância sobre os poemas que circulavam no século XVIII luso-brasileiro e não de uma inovação absoluta de minhas pesquisas arquivísticas.

CORPUS E CRITÉRIOS

Os poemas atribuídos a Alvarenga Peixoto conhecidos até este momento encontram-se dispersos em diversos códices e folhas volantes guardados em arquivos nas cidades de São Paulo, Rio de Janeiro, Lisboa, Coimbra, Évora e Porto. Preservados em escritos manuscritos, há: seis retratos na Biblioteca Brasiliana Guita e José Mindlin da USP; dois poemas (uma ode incompleta e um soneto) nos *Autos da Devassa da Inconfidência Mineira*, guardados no Arquivo Nacional do Rio de Janeiro; dois poemas (o "Sonho Poético" e uma ode) na Biblioteca Nacional no Rio de Janeiro; onze sonetos na Biblioteca Nacional de Portugal, em Lisboa; um soneto na Biblioteca da Ajuda, em Lisboa; três poemas (dois sonetos e uma ode) na Biblioteca Geral da Universidade de Coimbra; oito textos (cinco sonetos, o "Sonho Poético" e duas odes) no Fundo Manizola da Biblioteca Pública e Arquivo Distrital de Évora; e uma ode na Biblioteca Municipal do Porto. Em folha volante impressa, há um soneto, dedicado à Estátua Equestre de D. José I. Impresso em códice atribuído a outro autor, há, na primeira edição de *O Uraguay*, de Basílio da Gama, publicada em 1769, um soneto de Alvarenga Peixoto sobre a épica de Basílio da Gama. Preservados em códices impressos não autorais, há: um retrato no sétimo volume da *Miscellanea Curiosa, e Proveitosa, ou Compilaçaõ, Tirada das Melhores Obras das Nações Estrangeiras: Traduzida, e Ordenada por *** C. I.*, de 1785; o "Canto Genetlíaco" na quarta parte do *Almanak das Musas, Offerecido ao Genio Portuguez*, organizado por Caldas Barbosa em 1794, em Lisboa; novamente, o *Canto Genetlíaco* no *Jornal Poetico ou Collecção das Melhores Composições, em Todo o Gênero dos Mais Insignes Poetas Portuguezes, Tanto Impressas, como Inéditas, Offerecidas aos Amantes da Nação por Desidério Marques Leão, Livreiro ao Calhariz*, em 1812, em Lisboa; dezenove poemas (treze sonetos, duas odes, o "Sonho Poético", um retrato, o "Canto Genetlíaco" e as sextilhas "Conselhos de Alvarenga Peixoto a Seus Filhos") dispersos pelos oito cadernos do *Parnazo Brasileiro, ou Collecção das Melhores Poezias dos Poetas do Brazil, Tanto Ineditas, como Ja Impressas*, publicado pelo Cônego Januário da Cunha Barbosa, entre 1829 e 1832; e dois poemas (um soneto e uma lira) na *Miscelânea Poética*, feita por Elias Matos, em 1853. Há, também, um soneto no primeiro número do periódico impresso *O Patriota, Jornal Litterario, Politico, Mercantil, &c. do Rio de Janeiro*, de 1813. Por fim, há dois sonetos editados pela primeira vez por Joaquim Norberto da Sousa Silva, sendo que um deles – de *incipit* "Que mal se mede dos heróis a vida" – estaria presente, segundo indicação de Lapa[29], em um manuscrito pertencente aos representantes da Casa Lavradio, intitulado "Coroa Poética à Morte do 2º Marquês de Lavradio, Exposta por Ocasião das Exéquias que lhe Fizeram no Rio, em Agosto de 1790". Infelizmente, todos os meus esforços para contatar os herdeiros da Casa Lavradio foram em vão e, portanto, não posso assegurar se esse manuscrito ainda existe e, caso exista, se ainda está em posse dessa família da antiga aristocracia imperial[30]. Assim sendo, adotei aqui a edição de Norberto como fonte primária desse poema e incluí notas de rodapé para indicar as alterações mais significativas feitas por Lapa. Esse é o *corpus* que se conhece até hoje de autoria atribuída a Alvarenga Peixoto.

Para ter acesso a todos esses escritos, passei dois anos e meio consultando arquivos públicos brasileiros e portugueses, folheando uma infinidade de outros códices e manuscritos na tentativa de localizar poemas desconhecidos – no que, por sorte e obra do acaso, fui bem-sucedido. Ao idealizar esta edição, queria permitir que o leitor tivesse em suas mãos um livro que

---

29. Manuel Rodrigues Lapa, *Vida e Obra de Alvarenga Peixoto*, p. 43.

30. Durante a produção deste livro, Kenneth Maxwell me informou de que muitos dos livros que pertenciam à Casa Lavradio foram adquiridos por Marcos Carneiro de Mendonça e, após sua morte, destinados à Academia Brasileira de Letras. Devido às medidas de isolamento social impostas pela pandemia, não pude retornar pessoalmente às bibliotecas e arquivos no Rio de Janeiro, mas realizei buscas virtuais nos acervos das bibliotecas da ABL e, também, no Fundo Lavradio do Arquivo Nacional do Rio de Janeiro. Infelizmente, não consegui localizar esse códice, mas não excluo a possibilidade de que esteja em um dos dois acervos sob outro nome em seus catálogos. Agradeço muito a Kenneth Maxwell pela informação.

possibilitasse uma experiência tão próxima quanto a de acessar esses escritos nos arquivos onde se encontram. Simultaneamente, queria deixar tão claro quanto fosse possível a artificialidade desta – e de qualquer outra – edição, porque não creio haver nada mais nocivo, na academia do século XXI, do que naturalizar critérios artificialmente estabelecidos após alguns anos de trabalho arquivístico. Para evitar essa naturalização, suponho ser necessário algum tipo de desconforto na leitura, e escolhi produzir um ruído na fluidez habitual da leitura de obras completas por meio de uma disposição dos poemas que causasse dissenso.

Enquanto pensava em como deveria editar essa obra em livro sem deixar de reconhecer os escritos como uma alteridade, a definição de Jacques Rancière de *dissenso* foi fundamental. Para ele, "o dissenso não é a diferença dos sentimentos ou das maneiras de sentir que a política deveria respeitar. É a divisão no núcleo mesmo do mundo sensível que institui a política e sua racionalidade própria"[31]. O dissenso propõe uma nova divisão do mundo sensível, uma nova compreensão do que seria a "realidade". O dissenso é, assim, a produção de uma ficção vivida como realidade, a crença numa palavra *cão* que morda. A prática dissensual consiste em "uma invenção que faz com que se vejam dois mundos num só"[32].

Movido por essa ideia, tentei produzir na unidade do livro a dispersão territorial e material desses escritos. Os poemas vão, aqui, agrupados pela localidade em que se encontram. Para que não haja qualquer ilusão de naturalidade na lógica na disposição dessas localidades, tomei o percurso de minha pesquisa como critério de ordenação: primeiro, edito os manuscritos presentes em São Paulo, depois no Rio de Janeiro, Lisboa, Coimbra, Évora e Porto. Manuscritos vão dispostos antes dos impressos e, entre arquivos presentes na mesma cidade, utilizei como critério de disposição apenas a ordem de meu contato com esses textos. Por isso, primeiro vão editados os manuscritos do Arquivo Nacional e depois os da Biblioteca Nacional do Rio de Janeiro; em Lisboa, primeiro os da Biblioteca Nacional e, depois, os da Ajuda. Critério idêntico foi o que utilizei para a disposição dos códices de um mesmo arquivo: em Lisboa, na BNP, edito o Códice 8610 antes do 7008, porque foi essa a ordem em que os encontrei. Parte desses critérios são nitidamente subjetivos e talvez a nitidez de sua subjetividade seja a única coisa que os diferencia dos critérios empregados por Lapa, Carvalho ou Norberto. Não vejo sentido em utilizar poderes divinatórios para tentar or-

31. Jacques Rancière, "O Dissenso", p. 368.
32. *Idem*, p. 375.

denar esses escritos cronologicamente. Além disso, os poemas que se encontram no mesmo códice verossimilmente foram recebidos como conjuntos por seus leitores ao longo dos séculos. Agora, essa possibilidade encontra-se também disponível ao leitor deste códice.

Como os impressos são todos datados, optei por seguir essa ordem cronológica na edição, lembrando sempre que a datação do impresso não coincide com a data de produção do poema. Dessa maneira, vão impressos na seguinte ordem: soneto sobre *O Uraguay* (1769); folha volante nas comemorações da Estátua Equestre (1775); retrato da *Miscellanea Curiosa, e Proveitosa* (1785); "Canto Genetlíaco" publicado no *Almanak das Musas* (1794); o mesmo poema publicado no *Jornal Poetico* (1812); soneto publicado no periódico *O Patriota* (1813); poemas publicados no *Parnazo Brasileiro* (1829--1832); poemas publicados na *Miscelânea Poética* (1853); e os dois sonetos publicados pela primeira vez por Joaquim Norberto (1865).

O estabelecimento dos textos seguiu alguns critérios bastante simples, que explicito aqui. Como já disse, todos os escritos foram editados, sem a realização de uma colagem entre eles para reconstituir um texto genuíno ou autêntico. Também não há hierarquização entre as variantes aqui editadas, entendidas todas como objetos de recepção válidos ao longo da história. Desenvolvi as abreviações e abreviaturas, sem destacá-las do texto dos poemas. Nos casos inevitáveis em que tive que tomar escolhas interpretativas, acrescentei notas de rodapé explicando minhas decisões. Os comentários acrescentados *a posteriori*, modernamente, nos manuscritos foram excluídos de minha edição. Modernizei a grafia das palavras em todos os casos em que isso não representava mudança significativa para o ritmo dos versos. Da mesma forma, separei palavras que foram grafadas unidas nos manuscritos, e utilizei hífen para indicar ênclise pronominal. Mantive a estrofação e a versificação dos manuscritos, mesmo em casos em que os versos estão truncados ou com pés quebrados, e em que as estrofes têm estrutura anômala. Mantive a pontuação dos escritos, por ser índice de sua *performance* oral, e também mantive sempre que possível a capitulação em substantivos, adjetivos e pronomes. Utilizei apóstrofos para indicar elisão vocálica. Representei rasuras significativas nesta edição, explicando-as em nota sempre que necessário. Exceções a esses critérios ocorrem eventualmente, em lugares em que problemas de leitura se impõem. Nesses casos, acrescentei notas de rodapé explicitando minhas intervenções e explicando meus motivos para fazê-las.

Há algumas questões de autoria já canônicas nesse *corpus* que devo discutir brevemente. Em 1865, Joaquim Norberto editou os "Conselhos a

Meus Filhos" indicando em sua introdução tratar-se de produção de Bárbara Heliodora Guilhermina da Silveira, poeta casada com Alvarenga Peixoto[33]. Mais de noventa anos depois, Domingos Carvalho da Silva seguiu parcialmente os passos de Joaquim Norberto, atribuindo essas sextilhas a Bárbara Heliodora, mas foi além e decidiu excluí-las de sua edição, já que não teriam sido produzidas por Alvarenga Peixoto. Da mesma forma, exclui o soneto dedicado a Maria Ifigênia, filha de Alvarenga e Bárbara, argumentando que

[...] a simples leitura de seu texto demonstra não se tratar de obra de Alvarenga Peixoto. Não há nele as alusões mitológicas inevitáveis em toda a poesia de Alvarenga. Sendo Peixoto um devoto fascinado da beleza, das honrarias e da fortuna, muito dificilmente poderia ser autor de versos em que se aconselha o desprezo pela "vã beleza" e o sacrifício das *honras* e da *riqueza*. As expressões "santas leis do Filho de Maria", "ternos preceitos da verdade", etc., também são totalmente impróprias de Inácio José de Alvarenga Peixoto.

Mas – se Alvarenga não escreveu este soneto de poeta secundário para a sua "amada filha", quem o poderia ter escrito? Só uma pessoa: Bárbara Heliodora, esposa de Alvarenga, mãe de Maria Ifigênia, e autora das sextilhas "Conselhos aos Meus Filhos", vasadas no mesmo espírito moralista do soneto. [...] O organizador da presente edição está certo de cometer um ato de comezinha justiça, ao devolver a Bárbara Heliodora o soneto por ela escrito para celebrar o sétimo aniversário de Maria Ifigênia[34].

Quatro anos mais tarde, Lapa polemiza com Carvalho, afirmando que

Estas razões não são procedentes. Há efetivamente em Alvarenga Peixoto poesias que não contêm alusões mitológicas, aliás descabidas num ato religioso, que seria o da primeira comunhão. O homem, e sobretudo o poeta, é um ser muito complicado, um "fingidor", que diz as coisas mais extraordinárias, em acordo ou desacordo com o que julga pensar e sentir. Na emoção e esplendor daquela cerimônia de Igreja, empolgado pela atmosfera, evocando a própria meninice, relembrando, num remorso, o "pecado" do nascimento da filha, o ambicioso da fortuna, eternamente frustrado nas suas aspirações, fez-se humilde e contrito; dominado pelo mesmo sentimento, também o leitor de Voltaire, acusado de ateísmo

33. Joaquim Norberto de Souza e Silva, *Obras Poéticas de Inácio José de Alvarenga Peixoto...*, p. 14.
34. Domingos Carvalho da Silva, *Obras Poéticas de Inácio José de Alvarenga Peixoto*, pp. 12-13.

pelo vigário de S. João del-Rei, se fez devoto e bom católico, pelo menos naquele instante. Eis as razões que nos movem a atribuir o soneto ao nosso poeta[35].

Meu posicionamento sobre isso é bastante simples. Os dois editores polemizam seguindo as mesmas bases conceituais, que pressupõem que um autor expressa, em seu texto, parte de sua subjetividade, suas aspirações e paixões. Pressupõem, também, a existência de um estilo contínuo e imutável da escrita autoral. Em outras palavras, pressupõem o autor como um indivíduo sempre igual a si mesmo, que se vale da palavra poética para expressar sua subjetividade. Não partilho desses pressupostos. Entendo, com Hansen[36], que o conceito de autor antes da invenção romântica da subjetividade estava associado a uma etiqueta de gênero e de estilo de escrita entendidos não como representativos da individualidade de seu produtor, mas como expressão de um protocolo de leitura e de um uso particular do decoro devido àquele gênero poético-retórico. Para que uma sátira pudesse ser atribuída ao autor Gregório de Matos, por exemplo, ela não precisaria ter sido escrita pelo homem Gregório de Matos, mas partilhar determinados protocolos de leitura adequados ao decoro do gênero satírico. Isso permite que, por exemplo, circulassem no século XVIII manuscritos como *Sátira Geral a Todo o Reino, e Governo de Portugal; por Gregório de Mattos Ressuscitado em Pernambuco, no Ano de 1713 a 6 de Agosto...*[37]

Portanto, não julgo ser pertinente utilizarmos elementos textuais para justificar algumas vagas abstrações do que seriam "alusões inevitáveis" na poesia atribuída a Alvarenga Peixoto, ou tentar justificar esta ou aquela referência cristã com emoções causadas no homem Alvarenga Peixoto pelo esplendor de uma igreja, que suscitaria empolgações ou alimentaria remorsos. Enquanto editor, indico a existência de uma polêmica em relação à autoria desses poemas, mas trata-se de polêmica datada e que já não faz sentido no atual estágio das discussões em crítica literária. Fato é que, historicamente, esses poemas foram atrelados ao casal Alvarenga Peixoto e Bárbara Heliodora devido à sua recepção ao longo dos últimos dois séculos, sem que qualquer prova incontornável de autoria tenha sido apresentada pelos estudiosos.

Há, no entanto, uma questão ética que os recentes estudos e movimentos políticos identitários têm suscitado em outros *corpora* e que me parece

---

35. Manuel Rodrigues Lapa, *Vida e Obra de Alvarenga Peixoto*, p. LVIII.

36. João Adolfo Hansen, "Autor".

37. Esse manuscrito foi editado e publicado em coautoria pelos professores João Adolfo Hansen, Marcello Moreira e por mim na revista *Teresa*, em 2016.

interessante apontar aqui. Caso esses poemas sejam de fato de autoria de Bárbara Heliodora, o que é uma possibilidade perfeitamente viável, poderiam ser alguns dos poucos textos coloniais de autoria feminina conhecidos. Nesse sentido, editar esses poemas em um livro de obras atribuídas a Alvarenga Peixoto poderia configurar um apagamento discursivo de uma potencial poetisa colonial, conferindo ao seu marido os louros por suas obras. Sobre essa questão, vejo-me restrito às possibilidades de meu posicionamento teórico já bastante discutido sobre valorizar a materialidade desses escritos – de fato, no *Parnazo Brasileiro,* esses textos encontram-se atribuídos a Alvarenga Peixoto. Indico, entretanto, na nota inicial a esse escrito, a disputa de autoria e a possibilidade de que componham o *corpus* poético sobrevivente de Bárbara Heliodora. Editá-los aqui indicando o debate sobre sua autoria me parece ser mais eficaz para garantir a sua permanência em catálogo e na memória dos leitores do que simplesmente excluir esses poemas como fizeram Carvalho e, parcialmente, Lapa.

Ainda sobre autoria, há uma discussão que por muito tempo se desenrolou sobre qual seria o pseudônimo árcade de Alvarenga Peixoto. Norberto afirma que "apesar dos esforços que empreguei para vir no conhecimento do nome pastoril de Alvarenga Peixoto na Arcádia Ultramarina, nada absolutamente consegui. Presumo que fosse antes o *Alceu* tão decantado por Tomás Antônio Gonzaga na sua inimitável *Marília de Dirceu*"[38]. Domingos Carvalho da Silva ignora completamente essa discussão em sua edição. Já Lapa aponta que a suposição de que o pseudônimo árcade de Alvarenga Peixoto pudesse ser Eureste Fenício não é necessariamente infundada, já que de Inácio Joseph se poderia tirar o anagrama Fenício, e Eureste significaria "o que vinha do Oriente", referindo-se possivelmente à vinda de Alvarenga de Lisboa ao Brasil em 1762[39]. A descoberta dos seis retratos inéditos no acervo da Biblioteca Brasiliana Guita e José Mindlin da USP parece reacender a questão e dar margem a novas pesquisas sobre esse pseudônimo. Isso porque os seis retratos estão agrupados em um conjunto intitulado "Galaria de Almeno", e uma inscrição em francês do mesmo copista à margem esquerda da primeira página indica "*autrement dit* Alverenga". Até então, não havia associação em sua fortuna crítica de seu nome ao pseudônimo Almeno, que é bastante genérico, mas pode ser uma boa fonte para futuras pesquisas que possam vir a expandir seu *corpus* poético.

---

38. Joaquim Norberto de Souza e Silva, *Obras Poéticas de Inácio José de Alvarenga Peixoto...*, p. 18.
39. Manuel Rodrigues Lapa, *Vida e Obra de Alvarenga Peixoto*, p. XIV.

Por fim, três vazios nesse *corpus* precisam ser apontados: o drama *Enéias no Lácio*, a tradução da tragédia *Merope*, de Scipione Maffei; e o soneto sobre os heróis da independência estadunidense. Durante meu mestrado, busquei – como todos os outros editores – incessantemente alguma notícia setecentista sobre a representação desse drama original que a fortuna crítica diz ter sido escrito por Alvarenga Peixoto, mas não consegui localizar qualquer tipo de evidência de sua existência. Recentemente, recebi a notícia da existência de um impresso possivelmente datado de 1797 e atribuído ao diretor teatral Domenico Rossi intitulado *Eneas en el Lacio; Bayle Heroycotrágico-Fantomimo. Para Representarse en el Teatro de los Caños del Peral el Día Primero del Año de 1797*. Certamente não se trata da mesma obra, mas tendo Domenico Rossi frequentado a corte portuguesa na segunda metade do século XVIII, esse texto pode fornecer algum tipo de material ou mesmo referência que permita recomeçar as buscas por esse drama que conhecemos apenas de menções muito posteriores à morte do autor. Sobre a tradução de Maffei, não consegui encontrar qualquer referência nos arquivos, nem mesmo nos registros da censura colonial.

Caso interessante é o da censura feita por Joaquim Norberto a um suposto manuscrito autógrafo de Alvarenga Peixoto: "Possuo ainda um soneto inédito, com sua assinatura, que assentei de não juntar às suas obras. Acho-o indigno do autor, e por demais ofensivo aos heróis da emancipação da América Inglesa, depois Estados Unidos"[40]. Carvalho, Lapa e eu buscamos esse manuscrito nos arquivos sem qualquer resultado. Se esse escrito de fato algum dia existiu, Norberto parece ter conseguido eliminá-lo para sempre, o que mostra quão nocivo pode ser o processo de construção teleológica de autores e literaturas nacionais para a memória cultural de um povo.

Meus critérios de edição apresentam falhas e insuficiências que gostaria de explicitar para o leitor. Eu critiquei a prática de reconstituição de textos genuínos adotada pela filologia neolachmanniana afirmando que, após o processo de colagem, acabam oferecendo ao público um texto que jamais existiu. Ao alterar a disposição tradicional dos textos para mimetizar sua dispersão material e geográfica nos arquivos em minha edição, eu acabo também apresentando um conjunto de textos ordenados de uma maneira diversa daquela em que esses escritos circulavam no século XVIII e, também, daquela em que suas reedições foram recebidas nos séculos XIX e XX. Outra limitação de minha edição é que a reaparição de textos por meio de

---

40. Joaquim Norberto de Souza e Silva, *Obras Poéticas de Inácio José de Alvarenga Peixoto...*, pp. 72-73.

diferentes escritos pode cansar o leitor e causar desinteresse, além de não necessariamente evitar a leitura desses vários escritos como variantes de um Original perdido.

Esta edição não foi feita por um filólogo ou crítico textual, mas por um jovem pesquisador de literatura que decidiu se aventurar por esse campo por perceber uma necessidade evidente de se reapresentar as letras setecentistas ao público para que se possa, enfim, reinterpretá-las. Não tenho formação ampla em filologia e crítica textual, embora tenha passado por algum treinamento com os professores Sílvio de Almeida Toledo Neto e Marcello Moreira durante minha graduação. O que propus com este livro foi apresentar uma edição às avessas, que em vez de selecionar variantes mais autorizadas, autorizasse todas as variantes como objetos históricos; em vez de apresentar a evidência e a natural pertinência de meus critérios, relativizasse a minha própria proposta editorial como arbitrária e artificial; em vez de pintar um retrato do homem Alvarenga Peixoto na introdução para que o leitor possa buscar sua subjetividade nos textos, movesse esse retrato para o fim do livro, em um brevíssimo resumo biográfico[41]. Em outras palavras, este livro não aspira a criar heróis nacionais, reinserir Alvarenga Peixoto no cânone ou propor uma leitura cheia de carinho e apreço desses poemas simplesmente por fazerem parte de uma tradição letrada nacional. Este livro foi feito para recolocar em circulação essa obra ainda pouco conhecida e demonstrar como a materialidade desses escritos — e, por que não, da História — pode ser um bom ponto de partida para a produção de uma leitura dissensual das letras coloniais luso-brasileiras.

---

41. As informações do resumo biográfico são inteiramente provenientes do estudo de Manuel Rodrigues Lapa e de André Figueiredo Rodrigues (cf. Manuel Rodrigues Lapa, *Vida e Obra de Alvarenga Peixoto*, pp. IX-LIX; André Figueiredo Rodrigues, "Conflitos no Sul do Brasil e Queixa Pública Contra Alvarenga Peixoto (São João del-Rei, Minas Gerais, 1776-1780).

Parte I

FONTES PRIMÁRIAS MANUSCRITAS

Lista de Abreviaturas e Siglas

ANRJ – Arquivo Nacional do Rio de Janeiro

ANTT – Arquivo Nacional da Torre do Tombo

AUC – Arquivo da Universidade de Coimbra

BA – Biblioteca da Ajuda

BBM-USP – Biblioteca Brasiliana Guita e José Mindlin da Universidade
de São Paulo

BGUC – Biblioteca Geral e Arquivo da Universidade de Coimbra

BMP – Biblioteca Municipal do Porto

BNP – Biblioteca Nacional de Portugal

BNRJ – Biblioteca Nacional do Rio de Janeiro

BPB – Biblioteca Pública de Braga

BPE – Biblioteca e Arquivo Distrital de Évora

RBM – Rubens Borba de Moraes

1

Flores do Parnaso ou Coleção de Obras Poéticas de Diferentes Autores Juntas pelo Cuidado de I... N... T... M...[1]

Este códice manuscrito pertenceu a José Mindlin, e foi doado à Biblioteca Brasiliana Guita e José Mindlin da Universidade de São Paulo. Antes de integrar essa biblioteca, ele era propriedade de Rubens Borba de Moraes – que nomeia a coleção onde se encontra atualmente –, responsável por parte da anotação marginal que atribui a autoria desses poemas a Alvarenga Peixoto. As *Flores do Parnaso* são cinco tomos de poesia manuscrita dos mais diversos autores e gêneros. Há vários poemas de outros autores ainda inéditos nesses tomos, que pretendo publicar em formato de artigo em um futuro próximo. Dentre eles, há uma ode de Caldas Barbosa, sonetos em homenagem a Luís XVI após a sua prisão e morte na Revolução Francesa, uma série de sonetos sobre o atentado dos Távoras contra o rei D. José I e um soneto em que uma *persona* feminina fala com seu feto, que ela está prestes a abortar. Trata-se de uma bela coletânea poética que merece mais atenção dos estudiosos das letras coloniais luso-brasileiras.

Os seis poemas atribuídos a Alvarenga Peixoto compõem um conjunto, a *Galeria de Almeno*, e são todos retratos de diferentes *personae* femininas (Armânia, Anarda, Josina, Filis, Nise e Filena). Tive a felicidade de encontrá-los e publicá-los em minha dissertação de mestrado em 2017. Esta é a primeira vez que são publicados em formato de livro impresso. Enquanto retratos, eles seguem as prescrições retóricas conhecidas ao menos desde os escritos de Aftônio de Antioquia, no século IV da era cristã, que determinam que a descrição feminina seja feita em um eixo vertical descendente, começando pelos cabelos e terminando nos pés. As figuras femininas são divididas em várias secções horizontais – cabelos, cabeça, olhos, nariz, boca, peito etc. – e o poeta elenca uma série de lugares-comuns associados à beleza feminina ao descrever cada uma dessas partes.

---

1. BBM-USP, RBM 02730, vol. 5.

A descoberta destes poemas faz com que o retrato seja, ao lado dos poemas encomiásticos, a espécie lírica mais presente na poesia atribuída a Alvarenga Peixoto. Além disso, o pseudônimo Almeno era até então desconhecido da crítica literária, e pode gerar uma série de novos estudos arquivísticos sobre a produção letrada de Alvarenga. A presença de referências bíblicas nesses retratos também parece resolver de uma vez por todas o debate de outros editores sobre a autenticidade desse tipo de referência em poemas do *corpus* atribuídos a Alvarenga.

FLORES DO PARNAZO

ou

COLECÇÃO

de

Obras Poeticas

de

Differentes Auctores

Juntas pelo Cuidado

de

J. N. T. M.

Galeria de Almeno

autrement dit Alvarenga Peixoto[2]

Retrato 1º. de Armânia

Armânia Bela,
  Gentil Pastora:
Ah!... Quem te adora
Mil razões tem.
    Assim tu foras   5
Menos ingrata:
Quem te retrata
Conhece-o bem.
    Eu pinto as cores
    Dirão de quem.   10

Os teus cabelos
  Não são tesouros
Dos metais louros
Do rico Ofir[3].
    Mas são da maça   15
Do sol irado
Quando abrasado
Toca o Zenith[4].
    Eu fiquei cego
    Logo que os vi.   20

---

2. "Peixoto" é anotação feita a lápis no século XX, provavelmente pelo antigo proprietário do códice, Rubens Borba de Moraes. Ao texto francês, que pode ser traduzido livremente como "também conhecido como Alvarenga", Moraes adiciona "Peixoto", para diferenciá-lo de seu contemporâneo Manoel Inácio da Silva Alvarenga.

3. Ofir é uma personagem bíblica. Em Gênesis 10:21-29, Ofir é indicado como bisneto de Salé, que é por sua vez bisneto de Noé. Seu nome passa a nomear também a cidade de seu nascimento, que aparece no texto bíblico sempre associada ao mais fino ouro, como se nota em Jó 28:16 "[A sabedoria] não se avalia com ouro de Ofir, nem com ônix preciosa ou zafira". Também é utilizado biblicamente para pintar retratos femininos "uma filha de reis está de pé à tua direita: é a rainha, adornada com tuas joias e com ouro de Ofir" (Salmos 45:10). A imagem serve, neste poema, para amplificar a força da beleza de Armânia, cujos cabelos loiros excedem a riqueza do ouro de Ofir.

4. Refere-se à posição de maior incidência da luz solar sobre as pessoas e, mais uma vez, serve para amplificar a beleza dos cabelos de Armânia. Cabe apontar a escolha de rimar as duas palavras de origem semítica no poema. Por isso mantive a grafia do termo, sem aportuguesá-lo.

Galaria de Almeno.

Retracto 1.º

de Armania

autrement dit Alvarenga Peixoto

Armania Bella,
Gentil Pastora:
Ah!.... Quem te adora
Mil Vazoens terá.
    Assim tu foras
Menos ingrata:
Quem te retrata
Conhecéo bem.
        Eu pinto as Cores
        Dirás de quem.

Os teus Cabellos
Naõ Saõ tesouros
Dos Metaes Louros
Do Rio Ofir.
        Mas Saõ da Maça
Do Sol irado
Quando abrazado
Toca o Zenith.
        Eu fiquei Cego
        Logo que os vi.

Pintou-te a testa
    Tétis formosa
    Vindo raivosa
    Desembarcar.
        Segues os passos   *25*
    Com maravilha
    Da Linda Filha
    Do bravo Mar.
        Temei Amantes
        De naufragar.   *30*

No lindo rosto,
    Por olhos giras
    Duas safiras
    De preço tal:
        Que o Céu, e a Terra,   *35*
    Flores, e Estrelas
    Não têm, que a Elas
    Possa igualar.
        Astros que influem
        Todo o meu mal.   *40*

Brancas Mosquetas
    Vermelhas Rosas
    Sobre as mimosas
    Faces trazeis.
        Mas disfarçando   *45*
    Ternos carinhos
    Cruéis espinhos
    Falsa escondeis.
        Traidoras armas
        Com que ofendeis.   *50*

Pinta-se a Testa
    Tetis formoza
    Vindo d'airoza
    Dezembarcar.

      Segues os passos
    Com pratactica
    Da Linda Filha
    Do bravo Mar.

      Porvui Amantes
      De Naufragar.

No lindo Posto,
    Por olhos giras
    Duas Tapeiras
    De preto tal:

      Que o Ceo, e a Terra,
    Flores, e Estrellas
    Naõ tem que a Ellas
    Possa igualar.

      Astros que influem
      Todo o meu mal.

Brancas Mosquetas
    Vermelhas Rozas
    Sobre as Mimozas
    Faces trazeis.

      Mas disfarçando
    Ferros Caritchos
    Crueis Espinhos
    Falsa Escondeis.

      Traidoras Armas
      Com que offendeis.

Pérolas finas
　　Encastoadas
　　Entre Granadas
　　Na boca unis:
　　　　Portas do Cofre　　　　　　　　*55*
　　De tais riquezas
　　Brasas acesas
　　Falando abris.
　　　　Tristes Amantes
　　　　Vós o sentis.　　　　　　　　*60*

Fino Alabastro
　　De mancha ileso
　　Sustenta o peso
　　De tanto Céu
　　　　Descobre as veias　　　　　　*65*
　　Por mais beleza
　　Da natureza
　　O sutil véu[5].
　　　　Ímpio tais Dotes
　　　　Amor te deu.　　　　　　　　*70*

Crescem no peito
　　Dous aposentos
　　C'os movimentos
　　Do respirar
　　　　Onde Amor mora　　　　　　*75*
　　E os Cruéis Zelos:
　　Quem pode vê-los
　　Sem os amar[6].
　　　　De Amor as setas
　　　　Lá vão quebrar.　　　　　　*80*

5.　No manuscrito, grafa-se "vêo", mas a pronúncia não se distancia da versão corrente na época dessa palavra, "veo", como encontramos em Bluteau. Por isso a modernizei como "véu" em todas as ocorrências neste manuscrito (cf. Raphael Bluteau, *Vocabulário Portuguez e Latino*, vol. 8, p. 412).

6.　No manuscrito, não há o ponto de interrogação ao fim deste verso, mas um ponto simples. É, no entanto, bastante evidente que se trata do fim de uma pergunta, o que força o leitor a corrigir ativamente essa pontuação no ato de leitura. Para preservar essa práxis de leitura, mantive a pontuação conforme o manuscrito.

Perolas finas
Encostoadas
Entre Granadas
Na boca Abriu.
        Portas do Cofre
De tais riquezas
Brancas belezas
Callando abriu.
        Tristes Amantes
        Crês o sentis.

Fino Alabastro
De mancha illezo
Sustenta o pezo
De tanto Ceo
        Descobre as Veias
Por mais belleza
Da Natureza
O subtil Veo.
        Inveja taes Dotes
        Amor te deo.

Crescem no peito
Douz aposentos
Cos movimentos
Do respirar
        Onde Amor mora
Eos Crueis Zellos;
Quem pode Vellos
Sem os Amar.
        De Amor as settas
        La vão quebrar.

Só na cintura
Por delicada
Não tenho nada
Que retratar.
E os pés por breves 85
Nem falo neles,
Quero por eles
Mudo passar.
Quantos te virem
Te hão de adorar. 90

Retrato 2°.
de
Anarda.

Formosa Anarda,
Não é tão bela
No Céu a Estrela
No Campo a Flor.
É justo que arda, 5
Formosa Anarda
Quem te conhece
De puro amor.
Todos suspiram
O teu favor. 10

Só na Cintura
    Por delicada
    Não tenho Nada
    Que retractar.
        Corpos por breves
    Nem falto Nellas,
    Quero por elles
    Mudo passar.
        Quantos te virem
        Te hão de adorar.

Retracto 2.º
de
Annarda.

Formosa Annarda,
    Não he tão bella
    No Céo a Estrella
    No Campo a Flor.
        He justo que arda,
    Formosa Annarda,
    Quem te Conhece
    De puro Amor.
        Todos suspirão
        O teu favor.

São teus Cabelos
    Livres de Ensaios
    Os soltos raios
    Do louro sol.
      Fugi Pastores   *15*
    Que o lugar vedes
    Aonde as redes
    Estende Amor.
      Há de enlaçar-te
      Qualquer que for.   *20*

A branca testa,
    Gentil Pastora,
    Parece a Aurora
    No claro Céu.
      E só consente   *25*
    Com Luzes belas
    Duas Estrelas
    Resplandecer.
      A todos ouço
      Assim dizer.   *30*

As Açucenas,
    Juntas com Rosas
    Nas melindrosas
    Faces estão.
      Tão confundidas   *35*
    Tão misturadas[7]
    Que separadas
    Jamais serão.
      Quantos te virem
      Assim dirão.   *40*

---

7. Neste verso, há uma rasura que indica a relevância do alinhamento dos versos neste manuscrito. O copista começa a grafá-lo imediatamente abaixo e com o mesmo recuo do verso 35. Ao perceber o erro, volta à posição que copiamos aqui, mas, sob o "m", é possível ver a letra "T", grafada por engano de seu copista.

São teus Cabellos
    Livres de Cossairos
    Os soltos raios,
    Do Louro Sol.
        Fugí Pastores
    Que o Lugar vedes
    Aonde as redes
    Estende Amor.
        Ha de enlaçar-te
        Qualquer que for.

A branca Cesta,
    Gentil Pastora,
    Parece a Aurora
    No Claro Ceo.
        E so concerte
    Com Luzes bellas
    Duas Estrellas
    Resplandecer.
        A todos Ouço
        Assim dizer.

As Açuçenas,
    Juntas como Rozas
    Nas Mulindrozas
    Faces estaõ.
        Taõ Confundidas
    Taõ Alvorotadas
    Que separadas
    Jamais Seraõ.
        Quantos te virem
        Assim diraõ.

Na linda boca
        Moram por centro
        Pérolas dentro
        Fora Rubis.
            Se as doces vozes   45
        Ouvir desejo
        As Graças vejo
        Dela sair.
            A todos ouço
            Dizer assim.   50

Móvel coluna
        De branda cera
        Tão Linda Esfera
        Em si sustém
            Porém se atento   55
        Reparo nela
        Ainda mais bela
        A base tem.
            Dizem-no todos
            Quantos te veem.   60

Apetecido
        Cruel, e Estreito
        Cárcere o peito
        Das Almas é.
            Rematam essa   65
        Gentil figura
        Breve cintura,
        Pequeno pé.
            E isto é tudo
            Quanto se vê.   70

Na linda Boca
Alvaõ por Centro
Perolas dentro
Fora Rubis.
   Se as doces vozes
Ouvir dezejo
As Pralas vejo
D'ella Sahir.
   A todos Queo
   Dizer aßim.
Movel Columna
De branda Cera
Las Linda Esphera
Em si Susteim
   Porem se attento
Reparo n'ella
Ainda Maiz bella
A baze tem.
    Dizem-no todos
    Quantos se-vem.

Aparecido
Cruel, e Estreito
Carcere o peito
Das Almas, és.
   Rematas essa
Gentil figura
Breve Cintura
Pequeno pé.
    Isto Estudo
    Quanto se ve.

Retrato 3°.
de
Josina.

Doce Lisonja
   Não, não me obriga,
   Nem faz que eu diga
   Paixão de Amor.
      Não pinto Ninfa   5
   Nem Divindade
   Dê-me a Verdade
   O seu favor.
      Os que julgarem,
      Que a tinta é fina[8].   10
   Vejam Josina
   Falem depois,
   Que isto é Retrato,
   Eu sou Pintor.

Os seus Cabelos   15
   De seda fios
   Dão novos brios
   A qualquer flor
      Presos por fitas
   De prata, e de ouro   20
   Todo o tesouro
   Perde o valor.
      Os que julgarem
      [Que a tinta é fina.
   Vejam Josina   25
   Falem depois,
   Que isto é Retrato,
   Eu sou Pintor[9].]

---

8. Causa estranhamento ao leitor moderno este ponto, mas a sua presença no manuscrito é indiscutível. A responsabilidade por corrigir essa pontuação segundo critérios atuais ou tentar interpretá-la segundo os critérios setecentistas usados pelo escriba é parte da práxis de leitura que esse escrito nos impõe. Por isso o preservei como no manuscrito.

9. No manuscrito, apenas o primeiro verso do refrão é escrito, seguido de uma abreviatura "&ª", significando *et cetera*. Decidi editar todo o refrão em todas as ocorrências neste poema em que está presente a abreviatura. Lembro ao leitor, entretanto, que, ao abreviar o refrão longo, seja por economia de papel ou por qualquer outro motivo, o copista supõe que o trecho não copiado já tenha sido fixado na memória de quem os lê, o que é mais um indício de que esses poemas são sobretudo textos orais.

Retracto &c
de
Josina

Doce Lizonja
Naõ, vho me obriga,
Nem faz que eu diga
Paixaõ de Amor.
   Naõ pinto Ninfa
Nem divindade
Deme a verdade
O seu favor.
   Os que julgarem,
Que d'esta Ee fina
Veja Josina
Fallem depois,
Que isto Le Retracto
Eu sou Pintor.
Os Seus Cabellos
De Seda fios
Daõ Noves brios
A qualquer flor
   Prezos por fitas
De prata, edi ouro
Todo o thesouro
Perde o valor.
        Os que julgarem: &c

Os belos olhos
 D'Alma janelas   *30*
 Não têm de Estrelas
 O Resplendor.
  Mas sem falarem
 Dizem com Graça
 Quanto se passa   *35*
 No interior.
  Os que julgarem
  [Que a tinta é fina.
  Vejam Josina
  Falem depois,   *40*
  Que isto é Retrato,
  Eu sou Pintor.]

As duas faces,
 Belas, mimosas
 Jasmins, e Rosas   *45*
 Não têm na cor:
  Mas a cor delas
 Que a Rosa inveja
 Não sei qual seja,
 Sei que é melhor.   *50*
  Os que julgarem
  [Que a tinta é fina.
  Vejam Josina
  Falem depois,
  Que isto é Retrato,   *55*
  Eu sou Pintor.]

Pintar-lhe a boca
 Far-me-ia louco
 Corais é pouco
 Rubins pior.   *60*
  Saiba-se a Causa
 Pelos efeitos
 Sintam-na os peitos
 Centro de ardor.
  Os que julgarem   *65*
  [Que a tinta é fina.
  Vejam Josina
  Falem depois,
  Que isto é Retrato,
  Eu sou Pintor.]   *70*

Os bellos olhos
      d'Alma janella
Naõ teim de Estrellas
O resplendor.
         Mas teim fallarem
Dizem com graça
Quanto se paʃʃa
No interior.
            Os que julgarem &ª.

As Suas faces
      Bellas, Mimosas
Jasmins, e Rozas
Naõ teim na Cor.
         Mas a Cor d'ellas
Que a Roza inveja
Naõ Sei qual Seja
Sei que é melhor.
            Os que julgarem &ª.

Pintar-te a boca
      Parruelia Louco
Coraes é pouco
Rubins peor.
         Saiba-se a Laura
Pelos effeitos
Sintas-na os peitos
Centro de ardor.
            Os que julgarem &ª.

Ávidas vistas
Caem sinceras[10]
Sobre as Esferas
Que move o Amor.
   Que a defendê-las,   *75*
Apercebidos[11]
Andam Cupidos
Sempre ao redor.
   Os que julgarem
   Que a tinta é fina.   *80*
Vejam Josina
Falem depois,
Que isto é Retrato,
Eu sou Pintor.

Do mais que encobre   *85*
Tela decente
Ninguém intente
Ser sabedor.
   Só dos pés saiba,
Que aonde os assenta   *90*
Logo rebentam[12]
A Fonte e a Flor.
   Os que julgarem
   Que a tinta é fina.
Vejam Josina   *95*
Falem depois,
Que isto é Retrato,
Eu sou Pintor.

Retrato 4°.
        de
  Filis[13]

10. Modernizei "Cahi sinceras" para "Caem sinceras", corrigindo simultaneamente o problema de concordância e de métrica.

11. Aqui, temos uma boa indicação de que este manuscrito foi produzido a partir de outra cópia, porque o copista pula este verso e começa a escrever "Andão Cup", quando finalmente nota o erro, rasura o que havia escrito e escreve "Apercebidoz" ao lado.

12. No manuscrito, lê-se "rebenta o", o que também permite a interpretação desta passagem como "rebenta-o". Como essa lição não faz sentido no contexto do verso, optei por modernizá-la como "rebentam".

13. No manuscrito, está grafado "Fimis", que corrigi para "Filis" por ser esse o nome da pastora que aparece no corpo do poema e, também, por ser um nome amparado pela tradição lírica.

Havidas Cistas
Cá, Sinceras
Sobre as Esferas
Que Move o Amor
    Que a defendellas
~~Avendo hajas~~ apercebidos
Andáõ Cupidos
Sempre ao dedor.
        Os que julgarem &c.

Do mais que Ensobre
Peña decente)
Ninguem intente
Ser Sabedor.
        Só dos que Aiba,
Que aonde os assenta,
Logo rebenta o
A Forte, e a Flor.
        Os que julgarem 8ª

Retracto 4º
de
Filis

Filis Ninfa do Mondego
Junto ao Tejo a vê-la vim
Matou-me, mas por meu gosto,
Ninguém tenha dó de mim.

O Sol formou-lhe os Cabelos 5
Que me prenderam a mim;
Se Eu gemo em prisões tão doces
Ninguém tenha dó de mim.

Na branca testa reluzem
Puro Cristal, e jasmim, 10
Se os seus reflexos me cegam
Ninguém tenha dó de mim.

Os seus Olhos são dois Astros
Que influem sobre o meu fim,
Se eles me forem funestos 15
Ninguém tenha dó de mim.

Sobre as faces sempre em guerra
Vive a Mosqueta, e o Carmim
Se Eu morrer nesta Campanha
Ninguém tenha dó de mim. 20

Corre o Sangue, e aonde se gela
Forma os Lábios de Rubim
Se Eu me abraso em seus mundos
Ninguém tenha dó de mim.

Fillis Ninfa do Mondego
    Junto ao Tejo a bella vim
    Maltrataõ, mas por meu gosto,
    Ninguem tenha dó de mim.
O Sol formou-lhe os Cabellos
    Que me prenderaõ a mim;
    Se eu gemo em prizoens taõ doces
    Ninguem tenha dó de mim.
Na branca testa oferecem
    Puro Cristal, e jasmim,
    Se os seus reflexos me cegaõ
    Ninguem tenha dó de mim.
Os seus Olhos saõ dois Astros
    Que influem sobre o meu fim,
    Se elles me forem funestos
    Ninguem tenha dó de mim.
Sobre as faces sempre engorda
    Vive a Murgueta, e o Carmim
    Se eu morrer nessa campanha
    Ninguem tenha dó de mim.
Corre o Sangue, e aonde se gella
    Forma os labios de Rubim
    Se eu me abrazo con seus inundo
    Ninguem tenha dó de mim.

A boca rico tesouro   *25*
    É de precioso marfim,
    Ou me afague, ou me despreze
    Ninguém tenha dó de mim.

O Véu do peito por fora
    Vence o mimo do cetim,   *30*
    Se Ele esconde uma alma fera
    Ninguém tenha dó de mim.

Os dous Vulcanos, que brotam
    Das montanhas de Alfenim,
    Se são Piras, e Eu Sou Fênix   *35*
    Ninguém tenha dó de mim.

Dizem quantos a Conhecem
    Que o Gênio é de um serafim
    Se for só comigo ingrata
    Ninguém tenha dó de mim.   *40*

Seja terna, ou seja esquiva
    Gosto dela mesmo assim,
    Ou me mate, ou me dê vida
    Ninguém tenha dó de mim.

A boca pús o thesouro
Ate de precioso Marfim,
Ou me afague, ou me despreze
Ninguem tercado de Mim.

O véo do peito por fora
Sirva o Ritmo do Setim,
Se Elle esconde hua almisfera
Ninguem tercado de Mim.

Os dous Vulcanos que brotão
Das Montanhas do Desenio,
Se são Piraz, e Eu sou Fenix
Ninguem tercado de Mim.

Dizem quantos a Conhecem
Que o Genio te de hua Serafim
Se for tão Comigo iniguala
Ninguê tercado do de mim.

Seja terra, ou seja Coquina
Dito della mesmo assim
Ou me mate, ou me de vida
Ninguem tercado do de mim.

Retrato 5°.
de
Nise

Não posso, oh Nise,
    Ser teu Pintor:
    O pincel falta-me
    Desmaia a cor.
        Eu não me atrevo   *5*
        Pinte-te Amor.

Ia a pintar-te
    Negros Cabelos
    Chama de Zelos
    Me devorou.   *10*
        A cor da noute
    Serena, e bela
    Sem uma Estrela
    Não ajustou,
        Eu não me atrevo   *15*
        Pinte-te Amor[14].

Qual cor na testa
    Gastar-se deve
    Se ao vê-la a neve
    Preta ficou[15].   *20*
        Cupido acerte
    Qual tinta cabe,
    Que ele só sabe
    Donde a tirou
        Eu não me atrevo[16].   *25*
        Pinte-te Amor.

---

14. Também neste poema há uma abreviatura "&ª", significando *et cetera*, indicando que o refrão fora suprimido e deveria ser repetido no ato de leitura. Calafetei o refrão como fiz anteriormente, no retrato de Josina.

15. Há, aqui, uma pergunta, mas não há o ponto de interrogação no manuscrito. Isso reforça a ideia de que boa parte da *performance* do poema deveria ser produzida ativamente pelo leitor no ato da leitura.

16. Por provável esquecimento do copista, não há indicação de que o refrão tenha sido abreviado nesta estrofe. Por paralelismo, optei por calafetá-lo como nas outras estrofes.

Retracto 5.º
de
Nize.

Não posso, ó Nize,
Ver teu Pintor:
O pincel falta-me
Desmaia a Cor.
  Eu não me atrevo
  Pinte-te Amor.

Hia a pintar-te
Negros Cabellos
Alma de zellos
Me devorou.
  A Cor da Noute
Serena, e bella
Sem eu Estrella
Não ajustou,
   Eu não me atrevo &c

Qual Cor na testa
Gastar se deve
Se ao vella a Neve
Preta ficou.
  Cupido acerte
Qual tinta Cabe
Que elle só sabe
Donde a tirou
  Eu não me atrevo.

Arcos que ao Mundo
    Lutos protestam
    Olhos que emprestam
    Luzes ao sol.
      Deve pintá-los,   *30*
    Nise Formosa,
    Mão mais mimosa,
    Melhor Pintor.
      Eu não me atrevo.
      Pinte-te Amor.   *35*

Vi para as faces
    Jardins de Flora,
    Campos, e Aurora
    Nada bastou.
      Não acho tintas   *40*
    Cores não tenho
    Entre no empenho
    Mais digno Autor.
      Eu não me atrevo.
      Pinte-te Amor.   *45*

Na boca aonde
    Almas enlaças
    Amor as Graças
    Depositou.
      Se as finas Pérolas,   *50*
    Aos Rubins ato,
    Fica o Retrato
    De morte-cor[17]
      Eu não me atrevo
      Pinte-te Amor.   *55*

---

17. Sobre o termo da pintura "morte-cor", leia-se a definição de Raphael Bluteau (*Vocabulário Portuguez e Latino*, vol. 5, p. 590): "*Mortecor*, ou morta cor (Termo de Pintor). É a primeira vez, que se pinta sobre pano aparelhado com as cores, para ver o efeito de toda a obra. Chama-se morte-cor, porque sempre morrem as cores, & assim é necessário dar-lhe depois de bem enxuto a viva cor, com cores bem moídas, & boas". Portanto, a boca de Nise é tão perfeita que a combinação de pérolas com rubis serve apenas de rascunho para que o leitor imagine sua real beleza.

Arcos que ao Mundo
    Lutos protestaõ,
O'lhos que empresta~o
Luzes ao Sol.
        Deve pintallos,
Nizi Formoza,
Mas mais mimoza,
    Melhor Pintor.
            Eu naõ m'atrevo. &.ª

Vi para as faces
    Jardins de Flora,
    Campos, e Aurora
    Nada bastou.
            Naõ velo tintas
Cores naõ verdo
Entre ho conjunto
Mais digno Auctor.
            Eu naõ m'atrevo. &.ª

Na boca aonde
    Almas enlaças
    Amor as Graças
    Depozitou.
            Se as finas Perolas,
Aos Rubins alto
Fica o Retrato
De Morte Cor.
            Eu naõ m'atrevo. &.ª

Neve Coalhada
    Vejo no peito
    Sinto no Efeito
    Chamas, e ardor.
      Salvar contrários   *60*
    Pintar-te fora
    Pinte-te embora,
    Quem te formou
      Eu não me atrevo:
      Pinte-te Amor.   *65*

Cintura breve,
    Que encerra, e encobre
    A alma mais nobre
    Que o Céu Criou.
      Pintar não pode   *70*
    Por mais que estude,
    Um pincel rude,
    Um mau Pintor.
      Eu não me atrevo.
      Pinte-te Amor.   *75*

Se o mais que escondes,
    Oh Nise Ufana
    Visse em Diana
    O Caçador.
      Feliz seria,   *80*
    E inútil era
    A mão que em fera
    O transformou[18].
      Eu não me atrevo[19].
      Pinte-te Amor.

---

18. Trata-se de uma referência ao mito de Diana e Acteon, segundo o qual a deusa transforma o caçador em cervo, como punição por tê-la visto nua, e ele acaba devorado por seus próprios cães. Esse mito também é revisitado em outro poema atribuído a Alvarenga Peixoto, o soneto "Depois que dos seus cães e caçadores", presente no MS. 8610, da BNP. Aqui, o mito é empregado para amplificar a beleza do corpo de Nise: a perda da natureza humana e a morte violenta não são castigos suficientes para tirar a felicidade daquele que pôde ver a sua nudez.

19. Novamente, esta estrofe não indica a repetição do refrão, provavelmente por lapso do copista.

Neve Coalhada
Vejo no peito
Vinto no effeito
Clarais l'ardor.

Salvar Contrarios
Pintarte fora
Pintei-te Emborra;
Quem te formou
Eu não me atrevo. &c

Pintura breve,
Que encerra, e Encobre
A alma mais Nobre
Que o Ceo Creou;
Pintar Não pode
Por mais que Estude
A tua pincell aude,
A tua Mão Pintor.
Eu Não Me atrevo. &.

Se o Mais que Escondes
O Nize Ufana
Vive em Diasma
o Caçador;
Feliz Seria,
E inutil era
A Mão que Em fora
o trahis formou.
Eu Não me atrevo.

Quem haver pode,   *85*
    Que os pés retrate
    Que são remate
    De uma tal Flor.
      Sobes a um ponto
    De Formosura   *90*
    Aonde a pintura
    Nunca chegou.
      Eu não me atrevo
      Pinte-te Amor.

Retrato 6º.
de
Filena

Oh quem pudera escapar-se,
    Formosa Filena, oh quem
    Das prisões, que os teus cabelos
    Tecido à minh'alma têm[20].
      Oh quem quebrara as cadeias,   *5*
      Oh quem mil vezes, oh quem!

Quem evitara os reflexos,
    Que da clara testa vêm,
    Deixara de ficar cego
    Da Vista, e razão também   *10*
      Oh quem antes te não vira
      Formosa Filena, oh quem!

---

20. Mais uma vez, a interrogação não é sinalizada por meio da pontuação, o que indica o pressuposto de uma correção do leitor no ato de leitura. Isso se repetirá várias vezes neste poema.

Quem Caver pode,
Que os sês retrate
Que são, de mate
De cua tal Flor.

Sobes a cu ponto
De Formosura
Aonde a pintura
Nunca chegou.

Eu pas me atrevo
Pinte-te Amor.

Retracto 6º
de
Filenna

O E quem poderá Crapar se,
Formra Filenna, ó E quem
Das prizoens, que os teus Cabellos
Teceis a Mim dalma tem.

O E quem quebrara as Cadeas,
O E quero Mil vezes, o Equero!
Quem Cintra os deflecti,
Que da Clara tegra tem,
Deseira de fiar Cigo
Da Crista, e razas também
O Equero antes te não Crra
Formosa Filenna, o Equero!

Vendo os teus formosos olhos,
    Linda Filena, Ninguém
    Escapou ainda das armas   *15*
    Que ao travesso Amor convêm.
        Oh quem curara as feridas,
        Se podem Curar-se, oh quem!

Das flores das tuas faces
    Em confusa tropa vêm   *20*
    Chupar o Mel as Abelhas
    Oh quem viera também.
        Oh quem já que por ti morre
        Morrerá Contente, oh quem!

Na tua boca Mimosa   *25*
    Cupido que te quer bem
    Fechados, como em tesoiro
    Todos os desejos tem.
        Oh quem pudera roubá-lo
        Por mais que chorasse, oh quem!   *30*

Oh quem no teu branco peito,
    Formosa Filena, oh quem
    Reprimira uns matadores
    Alentos, que vão, e vem
        Oh quem fora tão ditoso,   *35*
        Que a tanto chegasse, oh quem!

Vendo os teus formosos olhos,
Linda Filena, P'rinquem
Escapará ainda das Armas
Que as traves Amor convem?
   O quem curára as feridas,
   Se podem curar se, ó quem.

Das flores das tuas faces
Em confiança troça vem
Buscar o Mel as Abelhas
O quem brira também.

   O quem ja que por ti morra
   Morrera Contente, ó quem

Na tua boca Mimosa
Ouvido que te quer bem
Preladas Conto em theoiro
Todos os dezejos tem.
   O quem podera Vaballo
   Dormdiz que celrasse, ó quem

O quem no teu branco peito
Formosa Filomela, ó quem
Reprimira Eus Matadores
Alentos, que Vas, e vem
   O quem fora tao ditoso,
   Que atanto chegasse, ó quem

Embaraça o teu respeito,
Que não passem mais além
Uns desejos que esquadrinham
Tudo o que os olhos não veem.   *40*
Oh quem em vez de pensá-lo
Pudera gozá-lo, oh quem!

Embaraça o teu respeito,
Que não passem mais alem
Sús desejos que esquadrinhão
Tudo o que os Olhos não vem.

O quem em vez de pensallo
Podera gozallo, o quem___!

2

Autos da Devassa da Inconfidência Mineira[1]

No processo de investigação da Inconfidência Mineira, dois poemas de Alvarenga Peixoto se fazem presentes como prova de acusação e como parte integrante do discurso de defesa feito por seu representante. O primeiro poema é uma ode incompleta, cujo verso inicial é "Segue dos teus Maiores". Ele foi encontrado entre os papéis apreendidos na devassa feita à casa do Coronel Alvarenga e foi anexado às provas de acusação sem que, no entanto, houvesse uma discussão nos manuscritos do processo sobre o papel que ele desempenha entre essas provas. Podemos apenas supor que algumas de suas ideias podem ter sido julgadas subversivas, como a de que a nobreza de sangue "aumenta, mas não dá merecimento". Talvez ainda mais subversivo tenha sido o verso em que o próprio poeta hesita ao questionar por que a natureza coloca suas riquezas nas terras do Brasil "se o povo miserável: mas que digo / Povo feliz porque tem o vosso abrigo". Esta ode ao visconde de Barbacena, Luís Antônio Furtado de Castro do Rio de Mendonça, é o único poema autógrafo do espólio de Alvarenga Peixoto, o que lhe confere um papel de destaque em seu *corpus*. Por conta disso, decidi reproduzir todas as suas rasuras nesta edição, pois servem de índices sobre o processo criativo de produção deste poema. Em notas de rodapé, explico as implicações de algumas dessas rasuras.

O segundo poema é um soneto encomiástico de Alvarenga Peixoto a D. Maria I, escrito já no cárcere da Ilha das Cobras para pedir-lhe clemência. O poema joga com o nome da rainha, comparando-a com a mãe de Cristo ao remeter à cena do nascimento de Jesus. O soneto lembra que a mão onipotente de Deus, que pode "criar mil Mundos ao primeiro aceno" escolhe cair no pobre feno; e diz que a Paz representa mais força e poder do que a guerra. Com isso, Alvarenga argumenta implicitamente que a

---

1. Volumes 1 (fls. 41–42) e 9 (fl. 15), Arquivo Nacional do Rio de Janeiro.

rainha, com todo o seu poder, deve seguir o decoro cristão e demonstrar piedade com aqueles que outrora planejavam lhe declarar guerra. Trata-se de uma exortação à rainha – o verso "Bendita sejais, soberana Augusta" deixa isso evidente – para que ela se mantenha firme em suas virtudes de grandeza, sapiência e justiça e garanta a manutenção da ordem do mundo – "Cobre o Mar, cobre a Terra um Céu sereno / Graças a ti oh Grande, oh Sabia, oh Justa". Alvarenga reafirma, assim, o pacto de sujeição colonial, reconhecendo a onipotência da rainha e seu papel de súdito ao lhe pedir clemência.

ODE INCOMPLETA AUTÓGRAFA, USADA COMO PROVA DE ACUSAÇÃO CONTRA ALVARENGA PEIXOTO[2]

[fl. 41]
 Segue dos teus Maiores
 Ilustre Ramo as sólidas pisadas
 Espalha novas flores.
 Sobre as suas ações grandes, e honradas
 Abre ~~da~~ por tua mão da glória o Templo[3]   5
 Mas move o braço pelo seu exemplo

 A herdada Nobreza
 Aumenta mas não dá merecimento:
 Dos heróis a grandeza
 Deve-se ao braço, deve-se ao talento.   10
 E assim foi que calcando o seu destino
 Deu Leis ao mundo o Cidadão de Arpino

---

2. Nos topos dos fólios 41 e 42, há duas assinaturas.
3. A rasura de "da" evidencia a decisão de antepor o adjunto adverbial "por tua mão" ao objeto direto "o Templo da glória".

AUTOS DA DEVASSA DA INCONFIDÊNCIA MINEIRA

Abra-te a nova terra
Para heroicas ações um plano vasto
Ou na paz, ou na guerra   15
Orna os triunfos todos de um novo fasto[4]
Faze servir aos Castros aos Mendonças
Malhados Tigres marchetadas Onças.

[fl. 41v]   Não há bárbara fera
Que ~~a Razão~~ o valor[5], e a prudência não domine   20
Quando a Razão impera
Que Leão pode haver que não se ensine?
E o forte jugo por si mesmo grave
A doce mão que o põe o faz suave

~~Pródiga a Natureza~~   25
~~Fundou neste País o seu tesouro~~
Que fez a natureza
Em pôr neste País o seu tesouro
Das pedras na Riqueza
Nas grossas minas abundantes de ouro   30
Se o povo miserável: mas que digo
Povo feliz pois tem o vosso abrigo.

[fl. 42]   ~~Qual formada nos ares~~
~~Em densa nuvem grossa tempestade~~

~~Qual~~ Já sobre os densos ares   35
Horrenda tempestade ~~já formada~~ levantada
Abre o seio dos mares
Para tragar a Nau despedaçada:
Porém destro o Piloto arreia o pano
Salva o perigo, e remedeia o dano   40

4. A segunda metade deste verso está em condições bastante adversas para a leitura. Lapa entende "teus de um novo fasto"; me parece bastante claro que há um "d" no meio da palavra que Lapa lê como "teus". Conjecturo que se trate de "todos". A última palavra teve que ser conjecturada quase inteiramente; para isso, me vali do cotejo do manuscrito com a tradição, propondo "fasto" como leitura adequada.

5. Aqui, temos mais um dos casos de rasura que demonstra uma mudança na concepção do verso. O autor muda "razão" para "valor", que tem significado semelhante, provavelmente para evitar a repetição de "razão" no verso seguinte.

Assim a Grande Augusta
Que vê o mal com ânimo Paterno
~~Numa~~ Em mão ~~sábia~~ prudente, e Justa
Vem colocar as Rédeas do Governo.
Eu vejo a Nau já ~~Livre da tormenta~~[6] do perigo isenta   *45*
buscar o porto livre da tormenta

A vós florente Ramo
Meus versos mal limados dirigia.

Reconheço a Letra retro, e Segura ser do
próprio punho do Coronel Inácio
José de Alvarenga pelo prefeito conheci-
mento, que da mesma tenho. Vila Rica
15 de Junho 1789 José Caetano Cesare Manitti.

---

6. A preposição nesta rasura está pouco legível, mas esta conjectura é a única interpretação que me parece viável.

AUTOS DA DEVASSA DA INCONFIDÊNCIA MINEIRA

[...] e se achava ao tempo em que foi preso, tão pobre, e onerado de dívidas, que [...] consta [...] que todos os seus bens vendidos não chegam para pagar as dívidas do seu casal, com quatro filhas menores; uma de 12 anos, outras de quatro, três, e dois, e que tudo mostra a indigência deste miserável Réu, e desterra qualquer presunção de dolo, e que não houve na indecente omissão que teve em não delatar Logo as fatuidades, que ouviu falar e sobre [fl. 15] o imaginário Levante; devendo também ser contemplado no número daqueles Réus de quem falam as referidas Leis, para merecer a Piedade de Sua Majestade, que humildemente implora, e de que já Rende as graças na forma seguinte[7].

SONETO

A Paz, a doce Mãe das alegrias,
    O pranto, o Luto, o dissabor desterra,
    faz que se esconda a criminosa guerra,   *3*
    E traz ao Mundo os Venturosos dias:
Desce cumprindo eternas Profecias
    a nova Geração do Céu à Terra,   *6*
    o Claustro Virginal se desencerra,
    nasce o Filho de Deus, chega o Messias:
Busca um Presépio, cai no pobre feno,   *9*
    a Mão Onipotente a quem não custa
    criar mil Mundos ao primeiro aceno.
Bendita sejais Lusitana Augusta,   *12*
    cobre o Mar, cobre a Terra um Céu sereno,
    Graças a ti oh Grande, oh Sabia, oh Justa.

---

7. Trata-se do último trecho do discurso de defesa feito pela absolvição de Alvarenga Peixoto. Como antecede imediatamente a transcrição do soneto e a ele se refere no fim, transcrevi este trecho, localizado entre os fólios 14v e 15 do nono volume dos *Autos da Devasssa*. Proponho que seja lido como uma didascália, da mesma maneira como deve ocorrer nas miscelâneas poéticas que são editadas ao longo deste livro. Trata-se da prescrição de um protocolo de leitura, que determina a interpretação autorizada deste soneto como um louvor à piedade que espera receber da rainha D. Maria I de Portugal.

3

Manuscrito 26, 4, 92[1]

Este escrito é um dos pontos de maior problema na preservação material dos poemas atribuídos a Alvarenga Peixoto. Trata-se de uma fotocópia de um manuscrito setecentista feita de maneira bastante precária, provavelmente por algum funcionário da biblioteca há várias décadas. Muitas palavras não são totalmente legíveis nessa cópia, e quem a fez decidiu escrever essas palavras com caneta esferográfica às margens da folha sulfite já bastante deteriorada. Meus esforços para acessar o manuscrito que teria originado a cópia foram em vão, mas não creio que seja possível dá-lo definitivamente como perdido. Parece-me possível que esteja no acervo da Biblioteca Nacional, talvez posto em outra localização – embora em seu sistema a localização atual desse manuscrito seja a informada acima, na fotocópia lemos ao canto uma anotação "I-7, 16, 44", que pode servir de indicação para futuras buscas. Infelizmente, não pude contar com o entusiasmo ou interesse da equipe da biblioteca, que apenas me remetia vezes repetidas ao sistema informatizado que não contém maiores informações sobre essa questão.

Encontram-se nessas folhas o "Sonho Poético", uma prosopopeia atribuída a Alvarenga Peixoto na qual o Pão de Açúcar se transforma em um índio e declara à D. Maria I a sua fidelidade à coroa portuguesa, representando a lealdade da colônia ao jugo da metrópole. Em seguida, lemos a "Ode à D. Maria I", um dos poemas mais conhecidos do *corpus* atribuído a Alvarenga Peixoto, em que o poeta tece uma série de elogios à monarca, reforçando vezes seguidas o pacto de sujeição colonial e pedindo-lhe que venha à América, de onde poderia governar o continente inteiro. Os dois poemas aparecem em diversos outros escritos, mas é importante notar que sempre que o "Sonho Poético" é copiado, a ele se segue a "Ode à D. Maria I". Isso nos permite supor que ele deve ser lido como um poema que introduz

---

1. Biblioteca Nacional do Rio de Janeiro.

a ode, já que nunca está presente sem acompanhá-la em qualquer das fontes manuscritas. O contrário não se aplica, pois encontramos a ode em manuscritos em que o "Sonho Poético" não se faz presente.

[p. 1]   SONHO POÉTICO

Oh que sonho! oh que sonho eu tive nesta
    Feliz, ditosa, sossegada sesta!
    Eu vi o Pão d'açúcar levantar-se,
    E no meio das ondas transformar-se
    Na figura do Índio mais gentil,   5
    Representando só todo o Brasil.
Pendente a tiracol de branco arminho
    Côncavo dente de animal marinho
    As preciosas armas lhe guardava;
    Era tesouro, e juntamente aljava,   10
    De pontas de diamante eram as setas
    As hásteas de ouro, mas as penas pretas;
    <u>Que o Índio Valeroso, ativo, e forte,</u>
    <u>Não manda seta, em que não mande a morte</u>[2].
Zona de penas de vistosas cores,   15
    Guarnecida de bárbaros lavores,
    De folhetas, e pérolas pendentes,
    Finos cristais, topázios transparentes,
    Em recamadas peles de saíras,
    Rubim, Diamantes, e Safiras   20
    Em campo d'esmeralda escurecia
    A Linda estrela, que nos traz o dia,
No cocar, oh que assombros, oh que Riqueza!
[p. 2]   Vi tudo quanto pode a Natureza.
    No peito em grandes Letras de diamantes   25
    O Nome d'Augustíssima Imperante;
    De inteiriço Coral novo instrumento
    As mãos lhe ocupa, enquanto ao doce acento
    Das saudosas palhetas, que afinava,

---

2. Estes dois últimos versos encontram-se de fato sublinhados no manuscrito.

Píndaro Americano assim cantava   30

 Sou vassalo, e sou Leal,

 ~~Como tal,~~

 Como tal, Fiel, Constante[3],

 Sirvo à glória da Imperante,

 Sirvo à Grandeza Real.

 Aos Elísios descerei;   35

 Fiel sempre a Portugal,

 Ao famoso Vice-Rei,

 Ao Ilustre General,

 Às Bandeiras, que jurei;

 Insultando o fado, e a sorte,   40

 E a fortuna desigual,

 A quem morrer sabe, a morte,

 Nem é morte, nem é mal.

ODE[4]

 1ª

 Invisíveis Vapores

Da baixa terra contra o Céu erguidos

Não ofuscam do sol os resplendores

[p. 3] Os Padrões erigidos

Na fé Real, nos peitos Lusitanos,   5

São do primeiro Afonso conhecidos.

 A Nós Americanos

Toca levar pela razão mais justa

Do Trono a fé aos derradeiros anos.

 Fidelíssima Augusta,   10

Desentranhe um riquíssimo tesouro

Do Cofre Americano a Mão robusta.

 Se ao Tejo, ao Minho, ao Douro

Lhe mostrou um Rei em bronze eternizado,

Mostra-lhe a Filha eternizada em ouro.   15

---

3. Este verso começou a ser escrito com um deslocamento à direita, mas o copista notou o erro e decidiu rasurá-lo e reescrevê-lo abaixo devidamente alinhado com o verso anterior.

4. Este manuscrito apresenta as estrofes da famosa Ode à D. Maria I com numeração à esquerda do texto e uma pequena linha pontilhada que liga o número da estrofe a seu primeiro verso, sem necessariamente apresentar um espaçamento entre o último verso de uma estrofe e o primeiro de outra. Nesta edição, decidi deslocar a numeração para o topo da nova estrofe, criando alguma distância física entre o último verso da estrofe anterior e o primeiro da estrofe numerada.

2ª

Do Trono os resplendores
Façam a nossa glória, e vestiremos
Bárbaras penas de vistosas cores.
　　　Para nós só queremos
Os pobres dons da Simples Natureza,　　　　　　*20*
E seja vosso tudo quanto temos.
　　　Sirva à Real Grandeza
A prata, o ouro, a fina pedraria,
Que esconde destas serras a riqueza.
　　　Ah! chegue o feliz dia,　　　　　　*25*
Em que do Mundo novo a parte inteira
Aclame o Nome Augusto de Maria.
　　　Real, Real Primeira,
Só esta voz na América se escute,
Veja-se tremular uma Bandeira.　　　　　　*30*

3ª

[p. 4]　　　Rompam instável sulco,
Do Pacífico mar na face plana
Os Galeões pesados de Acapulco[5].
　　　Da Serra d'Araucana
Desçam Nações confusas, diferentes,　　　　　　*35*
A vir beijar as Mãos da Soberana.
　　　chegai, chegai contentes,
Não temais dos Pizarros a fereza[6],
Nem dos seus Companheiros insolentes.

5.　No manuscrito, está escrito "Acapulio", e há um comentário moderno na fotocópia existente do manuscrito na BNRJ onde lemos "outro tem – Acapulio ou ambos acabam em = pulco". Trata-se de uma variante do nome da região na costa oeste do México que hoje chama-se exclusivamente "Acapulco". Os termos "Acapulco" e "Acapúlio" eram utilizados durante os séculos XVII, XVIII e XIX (e possivelmente em outras épocas) sem diferenças de significado. Como exemplo, cito dois trechos do oitavo livro de *The Present State of All Nations*, de Tobias Smollet (1769): "Todo o comércio entre as Índias Orientais e a América Espanhola é realizado por um grande galeão que chega a *Acapulio* no Mar do Sul..." (p. 361, grifo meu) e "Supõe-se que o galeão Manila leva de *Acapulco* ao menos dez milhões de dólares..." (p. 369, grifo meu). Modernizei a grafia como "Acapulco".

6.　A ode se refere aos irmãos Pizarro, que invadiram o território da América do Sul a mando da coroa espanhola e foram responsáveis pela destruição do Império Inca e pelo estabelecimento de colônias espanholas no território Sul do continente americano.

A Augusta Portuguesa 40
Conquista Corações, em todos ama
O Soberano Autor da Natureza.
Por seus filhos vos chama,
Vem pôr termo à nossa desventura,
E os seus favores sobre nós derrama. 45
4ª
Se o Rio de Janeiro
Só a glória de ver-vos merecesse,
Já era vosso o Mundo novo inteiro.
Eu fico, que estendesse
O Cabo ao Mar Pacífico as medidas, 50
E por fora d'Habana as recolhesse.
Ficavam incluídas
As terras, que vos foram Consagradas,
Apenas por Vespúcio conhecidas.
As Cascas enroladas, 55
Os aromas, e Índicos efeitos,
Poderão mais, que as serras prateadas.
Mas, nós de amor sujeitos,
Prontos vos ofertamos à Conquista
Bárbaros braços nos Constantes peitos. 60
5ª
[p. 5] Pode a Tartária Grega
A Luz gozar da Russiana Aurora,
E a nós esta fortuna não nos chega?
Vinde, Real Senhora,
Honrai os vossos mares por dous meses, 65
vinde ver o Brasil, que vos adora.
Noronhas, e Menezes,
Cunhas, Castros, Almeidas, Silvas, Melos,
Têm prendido o Leão por muitas vezes.
Fiai os Reais Selos 70
A mãos seguras, vinde descansada
De que servem dous Grandes Vasconcellos?
Vinde a ser coroada
Sobre a América toda, que protesta
Jurar nas vossas Mãos a Lei Sagrada. 75

6ª

Vai ardente desejo...
Entra humilhado na Real Lisboa,
Sem ser sentido do invejoso seio:
Aos pés Augustos voa,
Chora, e faze, que a Mãe compadecida 80
Dos saudosos filhos se condoa.
Ficando enternecida,
Mais do Tejo não temas o rigor,
Tens triunfado, tens a ação vencida.
Da América o furor 85
Perdoai, Grande Augusta, é Lealdade,
São dignos de perdão crimes de amor.
Perdoe a Majestade
Enquanto o Mundo Novo sacrifica
À tutelar propícia Divindade. 90

[p. 6] 7ª

o Príncipe Sagrado,
No pão de pedra, que domina a Barra,
Em colossal estátua Levantado,
Veja a triforme garra
Quebrar-lhe aos pés Netuno Furioso, 95
Que o irritado sudoeste esbarra:
E veja glorioso,
Vastíssima extensão de imensos mares,
Que cerca este Império Majestoso.
Honrando nos Altares 100
Uma mão, que o faz ver de tanta altura
Ambos os Mundos Seus, ambos os mares.
E a fé mais santa, e pura,
Espalhada nos bárbaros desertos,
Conservada por vós firme, e segura. 105

8ª

Sombra ilustre, e famosa,
Do Grande Fundador do Luso Império,
Uma paz eternamente goza.
N'um, e noutro Hemisfério
Tu vês os teus Augustos Descendentes   110
Dar as Leis pela voz do Ministério.
E os Povos diferentes,
Que é impossível quase o numerá-los,
E Vem a tributar-lhe obedientes.
A glória de mandá-los   115
Pedem ao Neto Glorioso Teu,
Que adoram Rei, que Servirão Vassalos.
O Índio o pé bateu,
Tremeu a terra, ouvi trovões, vi Raios,
E de repente desapareceu[7]   120
Fim.

7. Os editores de Alvarenga Peixoto diferem sobre como interpretar o enunciador da quase totalidade dos versos desta ode. A proposta mais pertinente me parece ser a de Rodrigues Lapa, que entende que toda a ode – com exceção de seus três últimos versos – constitui um discurso de um índio que alegoricamente representa todo o Brasil, como o do "Sonho Poético". Um dado material que corrobora essa proposta é o fato de que todas as vezes em que encontramos o "Sonho Poético" em fontes primárias, a "Ode à D. Maria" é o poema que o segue imediatamente, propondo material- mente uma leitura conjunta dos dois textos. Entretanto, diferentemente de Lapa, não incluo as mar- cas que delimitam o discurso de primeira pessoa feito por esse índio alegórico porque essa dubiedade dos limites de sua fala se apresenta com bastante força na leitura do manuscrito, então faz parte da práxis de leitura suposta por esse escrito que o leitor delimite, em sua leitura, o discurso direto.

4

Coleção de Sonetos Sérios, que se não Acham Impressos, Extraídos dos Manuscritos Antigos e Modernos[1]

Esta coleção de sonetos foi localizada por Rodrigues Lapa, e cinco dos poemas aqui publicados eram desconhecidos de leitores modernos até sua publicação em livro em 1960. O códice compila poemas de diversos autores em uma ordem bastante aleatória, como pode se ver no fato de que um dos poemas atribuídos a Alvarenga aparece mais de duzentas páginas antes dos demais. O fato de haver uma datação em sua folha de rosto nos indica que esses poemas teriam sido produzidos entre as décadas de 1760 (chegada do poeta a Coimbra, cuja paisagem é tema de um dos sonetos) e a primeira metade de 1780. Isso não chega a ser uma surpresa, já que grande parte da produção de Alvarenga dataria desse intervalo temporal, mas serve para indicar que os poemas necessariamente precedem seu encarceramento na Ilha das Cobras.

Diferentemente dos dois escritos que o antecedem nesta edição, os poemas aqui publicados são quase todos líricos com temática amorosa, e se debruçam sobre uma série de nomes femininos – Maria, Jônia, Márcia, Joana, Marília, Silvana – com apenas uma exceção, do poema em homenagem a D. Dinis, cujo simulacro mostra ao poeta "a Lusitana Atenas". Em relação às personagens femininas, embora seja possível aventar hipóteses sobre quais mulheres teriam servido de base para a sua composição, parece-me mais interessante pensarmos nos recursos empregados pelo poeta para representar essas mulheres poeticamente. Por exemplo, note-se como as descrições físicas e do caráter dessas personagens são desenvolvidas em relação à natureza que as cerca. Os elementos da natureza, vencidos pela beleza de Jônia, andam desconcertados em um dos sonetos; noutro, Márcia "corre a cortina das estrelas" e restaura a alegria que essa natureza campestre teria perdido pela ausência de Jônia; Marília tem uma beleza tal que faz com que o tempo

---

[1]. Biblioteca Nacional de Portugal, Ms. 8610, pp. 56, 313-319.

e a vida sejam muito breves para que se possa apreendê-la totalmente. Para além das imagens pastoris tão típicas da poesia do século XVIII luso-brasileiro, os temas e os recursos poéticos empregados nesses poemas líricos ainda têm um apelo à sensibilidade do leitor contemporâneo. Não faz sentido desperdiçá-lo em uma busca detetivesca pela suposta identidade das pessoas cujos nomes teriam sido substituídos pelos pseudônimos.

SONETO

Por mais que os alvos cornos curve a Lua
Furtando as luzes ao autor do dia,
Por mais que Tétis namorada, e fria   3
Ostente a pompa da beleza sua.
Por mais que a linda Citereia nua
Nos mostre o preço da gentil porfia,   6
Entra no campo tu bela Maria,
Entra no campo que a vitória é tua.

Verás a Cíntia protestar o engano,   9
Verás Tétis sumir-se envergonhada
Nas cavernosas² grutas do Oceano:
Vênus ceder-te o Pomo namorado,   12
E sem Tróia sentir o último dano
Verás de Juno a cólera vingada.

    Do Alvarenga.

---

2. O copista corrigiu essa palavra, escrevendo outra por cima, o que dificulta um pouco a leitura. No entanto, é evidente que a lição corrigida é "cavernosas", apesar de não conseguirmos ler o que estava grafado anteriormente. Rodrigues Lapa é de outra opinião, e propõe que a lição correta seria "rumorosas", que o copista teria corrigido erroneamente para "umbrosas" (Manuel Rodrigues Lapa, *Vida e Obra de Alvarenga Peixoto*, p. 7). Trata-se de um erro de leitura de Lapa. Agradeço a Marcello Moreira pela confirmação de minha leitura dessa palavra como "cavernosas".

SONETO

De açucenas, e rosas misturadas
Não s'adornam as vossas faces belas,
Nem as formosas tranças são daquelas   *3*
Que dos raios do Sol foram forjadas.
As meninas dos olhos delicadas
Verde, preto, ou azul não brilha nelas,   *6*
Mas o Autor sob'rano das estrelas
Nenhuma fez a elas comparadas.

Ah Jônia as açucenas, e as rosas,   *9*
A cor dos olhos, e as tranças d'oiro
Podem fazer mil Ninfas melindrosas:
Porém quanto é caduco esse tesoiro!   *12*
Vos sofra a sorte toda das formosas,
Inda ostentais na sábia frente o loiro.

Do Doutor Alvarenga.

SONETO

Chegai, Ninfas, chegai, chegai Pastores,
Qu'inda que esconde Jônia as graças belas,
Márcia corre a cortina das estrelas,   *3*
Quando espalha no monte os resplandores.
Debaixo dos seus pés brotam as flores,
Quais brancas, quais azuis, quais amarelas,   *6*
E pelas próprias mãos lh'orna Capelas
Bem que invejosa, a Deusa dos Amores.

Despe a Serra os horrores da espessura,   *9*
E as Aves que choravam até agora
Acompanhando a Jônia na tristeza:
Já todas ao raiar da nova aurora   *12*
Cantam hinos em honra da beleza,
Da Márcia gentilíssima Pastora.

Do Doutor

SONETO

Nem fizera a Discórdia o desatino
Que urdiu funesta biga[3] à gente humana,
Nem soberba a República Romana   *3*
Poria ao Mundo inteiro um jugo indigno.
Oh Ásia, oh Grécia, oh Roma, o teu destino
Fora feliz só com viver Joana: *6*
Respeitoso no peito a ação profana
Sufocaria o bárbaro Tarquínio.

Ela das Deusas três as graças goza,   *9*
E os Dons sublimes Ela só encerra
De Rainha, de Sábia, e de formosa:
Ah se Joana então honrasse a terra,   *12*
Oh Esposa Romana, oh Grega Esposa,
Não fora a formosura a Mãe da Guerra.

       Do Doutor

SONETO

Oh Pai da Pátria, imitador d'Augusto,
Liberal Alexandre... ia adiante,
Quando uma Imagem se me pôs presente,   *3*
A cuja vista me gelei de susto.
Mostrava no semblante pio, e justo
Raios brilhantes do Império luzente;   *6*
Porém os olhos, como descontente
Em mim gravava com bastante custo.

Nem d'Alexandre, nem d'Augusto quero   *9*
Os Nomes, sou Dinis, me disse apenas
Com gesto melancólico, e severo:
Levou-me às praias do Mondego amenas   *12*
E lá pondo o semblante grave, e austero
Riu-se, e mostrou-me a portuguesa Athenas.

       Do Doutor

---

3. Ao que parece, há a omissão da letra "r" na primeira sílaba, que formaria a palavra "briga". Lapa sequer comenta essa omissão, apenas indicando que Barbosa, Norberto e Carvalho editaram este poema com a palavra "liga". O que efetivamente está escrito é "biga", que escolhi não alterar porque pode ser lido metonimicamente como referência à guerra, sobretudo em um poema com menções explícitas aos gregos e romanos.

SONETO

Passa-se uma hora, e passa-se outra hora
Sem perceber-se, vendo os teus cabelos,
Passam-se os dias, vendo os olhos belos   *3*
Partes do Céu, onde amanhece a aurora.
A boca vendo, aonde a graça mora,
Mimosas faces, centro dos desvelos,   *6*
Vendo o colo gentil, de donde os zelos,
Por mais que os mandem, não se vão embora.

Que tempo há de passar? gasta-se a vida,   *9*
E a vida é curta, pois ligeira corre,
E passa sem que seja pressentida:
Ah Marília, Marília, quem discorre   *12*
Nas tuas perfeições, gostosa lida,
Que alegre vive! que insensível morre!

        Do Doutor

SONETO

Depois que dos seus Cães, e Caçadores
Foi Anteão[4] nos bosques perseguido,
E depois que a vingança de Cupido   *3*
Provou Cíntia por mão dum dos Pastores:
Aqui as tenras aves d'entre as flores
Acompanham das fontes o ruído,   *6*
E os altares de Pafos, e de Cnido
Trocou por Sintra a Deusa dos amores.

Aqui da Pira ardente a chama acesa   *9*
À amante, à ingrata, à tenra, à esquiva, a ufana
Vem disputar os prêmios da beleza:
Venceu a impiíssima Silvana,   *12*
Castiga, fere Amor, quem te despreza.
Tens triunfo maior, que o de Diana.

        Do Doutor

---

4. Trata-se de uma referência a Acteão, ou Acteon, o caçador que viu Diana nua e, como castigo, foi transformado pela deusa em cervo e devorado por seus próprios cães. Mantive a grafia do manuscrito, embora o mito tenha chegado ao nosso tempo com grafia diversa, mais próxima do grego *Aktaíon* e do latim *Actaeon*.

SONETO

Ao mundo esconde o Sol seus resplandores,
E a mão da noite embrulha os horizontes,
Não cantam aves, não murmuram fontes,   *3*
Não fala Pã na boca dos Pastores.
Atam as Ninfas em lugar de flores
Mortais Ciprestes sobre as tristes frontes,   *6*
Erram chorando nos desertos montes
Sem Arcos, sem Aljavas os Amores.

Vênus, Palas, e as filhas da memória   *9*
Deixando os grandes Templos esquecidos
Não se lembram d'Altares, nem de glória:
Andam os Elementos confundidos,   *12*
Ah Jônia, Jônia, dia de vitória
Sempre o mais triste foi para os vencidos!

Do Doutor

5

Poesias de Vários Autores Coligidas por Amadeo Guimenio[1]

Este códice, como o anterior, é uma coletânea de poemas líricos de diversos autores. Em sua folha de rosto, apresenta a informação de que seu compilador teria sido Amadeo Guimenio, nome que tentei localizar por algum tempo, mas infelizmente não obtive sucesso. É possível que se trate de um pseudônimo antipombalino, dado o fato de que existiu outro Amadeo Guimenio na Espanha durante o século XVII que foi alvo de grande polêmica devido ao seu livro *Opúsculo dos Pecados*, publicado em 1664. Durante a disputa de Pombal com os jesuítas, na segunda metade do século XVIII, seu nome aparece algumas vezes vituperado em obras virulentas como *Origem Infecta da Relaxação da Moral dos Denominados Jesuítas* (1771), ou ainda no famoso *Compêndio Histórico do Estado da Universidade de Coimbra* etc. (1772). Portanto, é possível que algum letrado português tenha decidido adotar esse pseudônimo para demonstrar descontentamento com as políticas de Pombal, elevando o nome que os textos pombalinos rebaixavam. Trata-se de mera hipótese, que precisaria ser verificada em pesquisas futuras.

Os poemas que são atribuídos a Alvarenga Peixoto neste códice datam certamente do fim da sua vida, já que têm por tema o cárcere na Ilha das Cobras. Um dos sonetos é o encômio à D. Maria, já presente nos Autos da Devassa, discutido algumas páginas atrás. O *topos* mais recorrente nos outros dois poemas é o argumento de que as saudades da esposa e dos filhos são tortura maior do que os tormentos que lhe eram infligidos na prisão. Apesar da temática evidentemente biográfica, não devemos perder de vista que esses poemas ficcionalizam poeticamente o elemento vivido; portanto, seus componentes biográficos devem ser lidos não como uma expressão espontânea do estado psicológico do poeta, mas como um discurso artificiosamente elaborado a partir de experiências que o poeta muito prova-

---

1. Biblioteca Nacional de Portugal, Ms. 7008, fl. 128, 128v e 129v.

velmente viveu no cárcere. A construção retórica desses textos é bastante evidente, valendo-se de gradações de torturas físicas para amplificar a tortura emocional de separar-se da família, que aparece ao fim dos poemas, em seus últimos tercetos, como uma conclusão contundente do argumento desenvolvido nas outras estrofes.

[p. 128]

Não me aflige do potro a viva quina
Da férrea maça o golpe não me ofende
Sobre a chama a mão se não estende   3
Não sofro do agulhete a ponta fina.

Grilhão pesado os passos não domina,
Cruel arrocho a testa me não fende   6
À força, perna, ou braço se não rende
Longa Cadeia o Colo não me inclina.

Água, e pomo, faminto não procuro   9
Grossa pedra não cansa a humanidade
A pássaro voraz, eu não aturo:

Estes males não sinto é bem verdade   12
Porém sinto outro mal inda mais duro
Da Consorte, e dos Filhos a Saudade

   Alvarenga.

POESIAS DE VÁRIOS AUTORES... 125

[p. 128v] A paz, a doce Mais das alegrias
        O pranto, o luto, o dissabor desterra,
        faz que se esconda a criminosa guerra,   *3*
        e traz ao Mundo os venturosos dias.

Desce cumprindo[2] Eternas Profecias
        a nova geração do Céu, à terra   *6*
        o claustro virginal se desencerra
        nasce o Filho de Deus, chega o Messias

Busca um Presépio, cai no pobre feno   *9*
        A mão onipotente a quem não custa
        Criar mil Mundos ao primeiro aceno.

Bendita sejais Lusitana Augusta   *12*
        Cobre o Mar, cobre a Terra um Céu sereno
        Graças a ti, ó Grande, ó Sabia, ó Justa

        Alvarenga.

[p. 129v] Eu não lastimo o próximo perigo,
        Uma escura prisão estreita, e forte;
        Lastimo os caros filhos, a consorte,   *3*
        A perda irreparável de um amigo.

A prisão não lastimo, outra vez digo,
        Nem o ver iminente o duro corte,   *6*
        Que é ventura também achar[3] a morte
        Quando a vida só serve de castigo.

Ah. quem já bem depressa acabar vira   *9*
        Este enredo, este sonho, esta quimera;
        Que passa por verdade, e é mentira:

Se Filhos, se Consorte não tivera;   *12*
        E do amigo as virtudes possuíra
        Só de vida um momento não quisera[4]

---

2. Há um desvio na escrita do verbo neste manuscrito. Lemos "crumprindo", em vez de "cumprindo". Modernizei para a versão dicionarizada atualmente.

3. Há aqui outro desvio na escrita do verbo. O copista inscreve "aihar", em vez de "achar". Modernizei segundo a forma dicionarizada atualmente.

4. Note-se a ausência de atribuição de autoria a este soneto.

6

Manuscrito 49-III-54 n. 54[1]

O soneto fixado nesta folha avulsa é certamente o texto do espólio de Alvarenga Peixoto sobre o qual mais me debrucei nos últimos anos. As rasuras presentes no último terceto servem de valioso índice da possível circulação dessa poesia na segunda metade do século XVIII em Portugal, como já discuti na introdução ao livro. O que cumpre notar aqui é que essa folha não tem indicação de autoria nem qualquer tipo de didascália, o que serve de indício de que esse poema provavelmente não foi fixado com o objetivo de que fosse preservado por muito tempo. A fixação em folha avulsa com tantas rasuras e sem esses elementos tão frequentes no espólio de Alvarenga Peixoto pode inclusive sugerir que essa folha tenha sido feita para facilitar a memorização de um poema recitado em um certame poético para que pudesse ser imitado ou até mesmo reproduzido em outra ocasião de performance apropriada.

Este escrito se relaciona diretamente com o do próximo códice, já que ambos trazem copiados o mesmo poema. Trata-se de um soneto bastante tradicional, em que o homem, apaixonado por duas mulheres – Estela e Nise – não consegue obter os amores de nenhuma delas devido à sua própria inconstância. Há uma inconsistência no argumento do poema, pois o eu-lírico afirma inicialmente que não sabe a qual das duas deve escolher, o que produz a ideia de que ambas retribuem o seu amor; mas, em seguida, diz que uma não lhe quer como amante pois tem conhecimento de seu caso com a outra, ao passo que a outra não lhe quer por ser inconstante. Ao pedir ajuda a cupido, o eu-lírico acaba explicitando uma característica bastante marcante dos poemas líricos do *corpus* atribuído a Alvarenga Peixoto e de boa parte das letras setecentistas luso-brasileiras: a visão do valor da mulher amada como algo totalmente relacionado à sua imagem física –

---

1. Biblioteca da Ajuda (Lisboa).

algo que seria bastante modificado algumas décadas mais tarde, na literatura romântica. O eu-lírico pede que cupido escolha entre dividir seu peito, a fonte de seu desejo, em dois pedaços ou unir os dois semblantes das mulheres amadas em um só, o que deixa claro que o objeto de seu desejo se limita a seus semblantes. Seus desejos se limitam àquilo que seus olhos alcançam.

SONETO

Eu vi a linda Estela e namorado
    Fiz logo eterno voto de querê-la
    Mas vi depois a Nise, e é tão bela   *3*
    que merece igualmente o meu cuidado

A qual escolherei se neste estado
    Não posso distinguir Nise de Estela   *6*
    Se Nise agora vir morro por ela
    Se Estela vir aqui fico abrasado.

Mas ah que esta me despreza amante   *9*
    Pois sabe que estou preso em outros braços[2]
    E esta me não quer por inconstante

Vem Cupido a soltar-me destes laços   *12*
    [~~Oh faze de um~~ dois ~~Semblante~~]
    Oh faze de dois Semblantes um Semblante[3]
    Ou divide meu peito em dois pedaços

---

    2. Antes, o copista havia escrito "laços", mas rasurou o termo e escreveu "braços" em seu lugar.

    3. O copista inicialmente escreveu "Oh faze de um Semblante". Nesse ponto, deve ter se dado conta que um problema de métrica ocorreria, e acrescentou "dois" entre "um" e "Semblante", grafando o verso como "Oh faze de um dois Semblante". Por fim, decidiu riscar o verso inteiro e escrever a versão que aqui se encontra editada sem riscos. Decidi manter a rasura, pois é um ruído bastante significativo na leitura deste escrito, como já discuti na introdução.

7

Manuscrito 2814[1]

Este códice é também uma coletânea de poemas de diversos autores. Trata-se de um livro pequeno, com capa feita de pergaminho flexível e sem folha de rosto que possa nos indicar autoria, local e data de sua confecção. Este escrito põe em circulação o mesmo poema encontrado na folha avulsa da Biblioteca da Ajuda, mas com algumas variantes bastante notáveis, dentre as quais se destaca evidentemente o nome de uma das personagens femininas: Jônia, em vez de Estela. Essa variação já foi discutida em meu estudo introdutório, assim como já debati a eleição que Lapa faz de Jônia como lição mais genuína que Estela com base em uma leitura biografista dessa poesia.

Este manuscrito tem seu último terceto truncado, assim como ocorre no escrito anterior, embora o truncamento seja em ponto diverso do terceto. Neste caso, o último verso apresenta uma rasura de "o meu [peito]" para "o peito meu"; creio que o copista se esquece, ao fazer essa emenda, de encerrar o soneto com a palavra "pedaços", grafando um verso anômalo não apenas na métrica, mas também em seu esquema de rimas. Mais uma vez, a materialidade desse escrito com suas rasuras e incompletudes demonstra o papel da memória e da oralidade na produção e circulação da poesia nas letras setecentistas luso-brasileiras. Caso eu houvesse optado por emendar o poema para que ficasse completo e perfeito, o leitor perderia acesso a todos esses elementos históricos.

Comparando os dois escritos, este manuscrito me parece ser o que apresenta uma versão do poema mais facilmente compreensível e emendável no ato de leitura. Ele foi menos rasurado que o anterior, o que talvez tenha relação com a sua forma de preservação em códice manuscrito, em vez de em uma folha manuscrita avulsa. Os dois escritos apresentam rasuras e variantes no último terceto que caminham em direções opostas. A hesitação

1. Biblioteca Geral da Universidade de Coimbra.

129

do copista do escrito anterior leva à inscrição de mais sílabas do que seria adequado no penúltimo verso, ao contrário do que ocorre com este copista, que se esquece de uma palavra no último verso, deixando-o incompleto. A incompletude, no entanto, é facilmente emendável, pois a rima em "-aços" e a presença do verbo "dividir" faz com que a possibilidade de leitura do fechamento do verso seja reduzida a apenas uma possibilidade. Já o excesso de sílabas do poema anterior não é facilmente emendável, exigindo ou uma reescrita quase total do verso, ou uma alteração da pronúncia que leia "faze" como um monossílabo (o que resolve o problema métrico, mas ainda deixa o ritmo do verso anômalo pela repetição de uma palavra longa como "semblante" duas vezes).

SONETO

Eu vi a linda Jônia enamorado
    Fiz logo voto eterno de querê-la
    Mas vi depois a Nise, e é tão bela   3
    Que merece igualmente o meu cuidado.

A qual escolherei se neste estado
    Eu não sei distinguir esta, daquela   6
    Se Nise agora vir morro por ela
    Se Jônia vir aqui vivo abrasado:

Mas acho, que esta me despreza amante   9
    Pois sabe, que estou preso em outros laços
    E aquela me não quer por inconstante.

Vem cupido soltar-me destes laços   12
    Ou faze destes dois um só semblante
    Ou divide ~~o meu~~ o peito meu em dois[2]

---

2. Percebendo haver algum erro na métrica do último verso, o copista tenta corrigi-lo imediatamente após escrever "o meu". Risca o que havia escrito, e inverte a ordem do substantivo e do adjetivo, mas se esquece de acrescentar "pedaços" ao fim do verso, quebrando a regularidade das rimas.

8

Manuscrito 1521[1]

Nesse maço miscelânico sem encadernação, indicação de autoria ou datação, o soneto de Alvarenga Peixoto aparece à folha 190, dividindo-a com outro soneto que o antecede, de *incipit* "Dos tormentosos mares combatido", sobre o mito de Hero e Leandro, que adverte os amantes contra as armadilhas do amor. Nenhum dos dois sonetos levam atribuição de autoria, mas o soneto que edito a seguir é atribuído a Alvarenga Peixoto na página 316 do MS. 8610 da Biblioteca Nacional de Portugal e, portanto, faz parte de seu espólio. Por mais que tentasse, não consegui localizar qualquer atribuição de autoria (ou mesmo qualquer edição) do poema que o antecede. A presença de ambos na mesma folha, entretanto, não basta para sugerir qualquer proposta de leitura conjunta dos textos, já que suas temáticas não se sobrepõem e os textos não apresentam qualquer semelhança a não ser o fato de serem ambos sonetos.

Este texto apresenta um componente metapoético relevante para a compreensão de uma espécie de filosofia da composição de encômios no *corpus* de Alvarenga Peixoto. O enunciador do poema está compondo um encômio a D. Dinis evocando os lugares-comuns de grandes imperadores da Antiguidade para engrandecer o rei português. Nada mais convencional e mais esperado de encômios setecentistas do que isso. Mas a aparição do simulacro do rei, que causa espanto nesse poeta-enunciador, recusa todas as associações metafóricas com os reis da Antiguidade e lhe apresenta os elementos que mais lhe agradam para o encômio: as praias do Mondego e a paisagem coimbrã. Se, por um lado, é possível que se leia isso como uma fuga à natureza e recusa da artificialidade poética (associada à poesia seiscentista), acho que é mais pertinente que olhemos para o elemento central nesse texto: a aparição do rei. Para a poética setecentista de um Cândido

---

1. Biblioteca Geral da Universidade de Coimbra.

Lusitano, esse tipo de recurso poético é resultado de um desvario da *fantasia* do poeta, que deixa de seguir as regras do *juízo*. Bastante atípica da poética mais praticada na segunda metade do século XVIII, esse tipo de aparição não é incomum no *corpus* de Alvarenga Peixoto, como o "Sonho Poético" e a "Ode a D. Maria I" atestam.

Este soneto nos indica, portanto, que os encômios de Alvarenga Peixoto não estão – ao contrário do que alguns críticos dizem – em total conformidade com a poética dita neoclássica postulada por Cândido Lusitano. Em vez disso, eles preservam alguns elementos sutis da poética da agudeza seiscentista e os combinam com preceitos setecentistas para produzir seus elogios de forma decorosa para a sua época.

  Oh Pai da Pátria imitador d'Augusto,
Liberal Alexandre... ia adiante
Quando uma imagem se me pôs diante   3
A cuja vista me gelei de susto.

  Mostrava no semblante pio e justo
Raios brilhantes do Empíreo luzente,   6
Porém os olhos como descontente
Em mim gravava com bastante custo.

  Nem d'Alexandre nem d'Augusto quero   9
Os nomes, sou Dinis, me disse apenas
Com gesto melancólico e severo.

  Levou-me às praias do Mondego amenas   12
E ali pondo o Semblante grave e austero
Riu-se e mostrou-me a Lusitana Atenas

9

Manuscrito 1152[1]

Esta cópia da famosa "Ode à D. Maria I" está presente em um códice sem datação intitulado *Poezias*, que se subdivide em quatro partes. A primeira é intitulada "Odes Anacreônticas De Antônio Diniz da Cruz e Silva Na Arcádia Elpino Nonacriense"; a segunda, "Ditirambos De Antônio Diniz da Cruz e Silva Na Arcádia de Lisboa Elpino Nonacirense Parte 2ª"; a terceira, "Odes De Almeno. Fr. José do Coração de Jesus"; a quarta, "A Felicidade Do Imporio [*sic*], e do Príncipe"[2]. A ode aqui editada está incluída na terceira parte (fls. 225v-229v), onde se encontram alguns poemas atribuídos a Almeno, que era também o pseudônimo árcade de Frei José do Coração de Jesus. Ele publicou uma tradução das *Metamorfoses*, de Ovídio, e uma série de odes, sonetos e poemas religiosos contemporaneamente a Alvarenga Peixoto.

A presença desta ode devidamente atribuída a Alvarenga Peixoto em meio à parte do códice atribuída ao outro Almeno pode fazer surgir todo o tipo de dúvida sobre as relações entre os dois poetas, sobre algum erro na atribuição de autoria dos retratos que localizei na BBM-USP, e sobre a possível presença de outros poemas compostos por Alvarenga Peixoto no espólio de Frei José do Coração de Jesus e vice-versa. Meus estudos não se centraram nessa relação, porque o pseudônimo Almeno se tornou uma questão para a minha pesquisa já em sua fase final, quando consegui localizar os retratos. Como já indiquei em outros pontos deste livro, uma nova pesquisa arquivística que se dedique a buscar poemas atribuídos a Almeno pode expandir consideravelmente o *corpus* poético de Alvarenga Peixoto, mas não sem o risco de lhe atribuir textos que efetivamente nunca lhe pertenceram.

---

1. Biblioteca Geral da Universidade de Coimbra.
2. Agradeço à Dra. Isabel João Vaz Ramires, da Biblioteca Geral da Universidade de Coimbra, por ter me enviado uma descrição detalhada da organização deste códice durante a finalização deste livro, para que eu pudesse emendar algumas de minhas notas iniciais.

A presença de poemas de outros autores em seções de um códice que são atribuídas a um único autor não deve, no entanto, surpreender o leitor. Trata-se de prática comum nos códices manuscritos, e poucas vezes conseguimos identificar o motivo da inclusão desses poemas em determinada seção de um códice. Portanto, a presença da ode atribuída a Alvarenga nesta seção é suficiente para justificar um estudo da relação entre os dois espólios poéticos, mas não basta para que postule qualquer conexão entre os textos que lhes são atribuídos.

[fl. 225v]   ODE
                    §
        Invisíveis vapores,
    Da baixa terra contra o Céu erguidos,
    Não ofuscam do Sol os resplendores.

            Os Padrões erigidos
[fl. 226]   À fé real nos peitos Lusitanos   5
    São do primeiro Afonso conhecidos.

            A nós, Americanos,
    Toca a levar pela razão mais justa
    Do Trono a fé aos derradeiros anos.

            Fidelíssima Augusta,   10
    Desentranhe um riquíssimo tesouro
    Do Cofre Americano a mão robusta;

            Se ao Tejo, ao Minho, ao Douro
    Lhe mostra um Rei em bronze eternizado;
    Mostre-lhe a Filha eternizada em ouro.   15

                    §
            Do Trono os resplendores
    Façam a nossa glória, e vestiremos
    Bárbaras penas de vistosas cores.

Para nós só queremos
[fl. 226v] Os pobres dons da Simples Natureza;   20
E seja vosso tudo quanto temos.

Sirva a Real grandeza
A prata, o ouro, a fina pedraria,
Que esconde destas Serras a riqueza.

Ah! chegue o feliz dia,   25
Em que do Mundo Novo a parte inteira
Aclame o Nome Augusto de Maria.

Real, Real Primeira;
Só esta voz na América se escute;
Veja-se tremular numa Bandeira.   30

§
Rompa o instável sulco
Do pacífico mar na face plana
Os grilhões pesados de Acapulco;

Das terras de Araucana
[fl. 227] Desçam Nações confusas, diferentes   35
A vir beijar as mãos da Soberana.

Chegai, chegai contentes,
Não temais dos Pizarros a fereza,
Nem de seus companheiros insolentes.

A Augusta Portuguesa   40
Conquista Corações, em todos ama
O Soberano Autor da Natureza.

Por seus filhos vos chama;
Vem pôr o termo à nossa desventura,
E os seus favores sobre nós derrama.   45

§

Se o Rio de Janeiro
Só a glória de ver-vos merecesse,
Já era vosso o Mundo Novo inteiro.

Eu fico, que estendesse
[fl. 227v] Do Cabo ao mar Pacífico as medidas,   *50*
E por fora da Habana as recolhesse.

Ficavam incluídas
As terras que vos foram consagradas,
Apenas por Vespúcio conhecidas.

As cascas enroladas,   *55*
Os aromas, e os índicos efeitos
Poderão mais que as terras prateadas.

Mas nós de amor sujeitos
Prontos vos ofertamos à conquista,
Bárbaros braços, e constantes peitos.   *60*

§

Pode a Tartária Grega
A luz gozar da Russiana Aurora,
E a nós esta fortuna não nos chega.

Vinde, Real Senhora,
Honrai os vossos mares por dous meses,   *65*
Vinde ver o Brasil, que vos adora.

[fl. 228] Noronhas, e Menezes,
Cunhas, Castros; Almeidas, Silvas, Melos
Têm prendido o Leão por muitas vezes.

Fiai os Reais Selos   *70*
A mãos seguras, vinde descansada:
De que servem dous grandes Vasconcelos?

Vinde a ser coroada
Sobre a América toda, que protesta
Jurar nas vossas mãos a Lei Sagrada. *75*

§

Vai, ardente desejo,
Entra humilhado na Real Lisboa,
Sem ser sentido do invejoso Tejo.

Aos pés Augustos voa;
Chora, e faze, que a Mãe compadecida *80*
Dos saudosos filhos se condoa.

Ficando enternecida,
[fl. 228v]   Mais do Tejo não temas o rigor,
Tens triunfado, tens a ação vencida.

Da América o furor *85*
Perdoai, Grande Augusta, é Lealdade;
São dignos de perdão Crimes de amor.

Perdoe a Majestade
Em quanto o Mundo Novo Sacrifica
A tutelar, propicia Divindade. *90*

§

O Príncipe Sagrado
No pão da pedra, que domina a barra,
Em colossal estátua levantado:

Veja a triforme garra
Quebrar-lhe aos pés Netuno furioso, *95*
Que o irritado Sudoeste escarra.

E veja glorioso
Vastíssima extensão de imensos ares,
Que cercam Seu Império majestoso.

[fl. 229]　　　　　Honrando nos altares　　　　　　　*100*
Uma mão, que o faz ver de tanta altura,
Ambos os Mundos seus, ambos os mares.

E a fé mais Santa, e pura
Espalhada nos bárbaros desertos,
Conservada por vós firme, e segura.　　　　　*105*

§
Sombra ilustre, e famosa
Do grande fundador do Luso Império,
Eterna paz eternamente goza.

Num, e noutro hemisfério
Tu vês os teus Augustos Descendentes　　　　*110*
Dar as Leis pela voz do Ministério.

E os Povos diferentes,
Que é impossível quase o numerá-los,
Vêm a tributar-lhe honra obedientes.

A glória de Mandá-los　　　　　　　　　*115*
[fl. 229v]　Pedem ao Neto glorioso teu,
Que adoram Rei, que servirão vassalos.

O Índio o pé bateu,
Tremeu a terra, ouvi trovões, vi raios,
E de repente desapareceu.　　　　　　　*120*

Alvarenga

10

Coleção de Várias Obras Poéticas Dedicadas às Pessoas de Bom Gosto por Henrique de Brederode[1]

Neste códice, encontram-se oito poemas atribuídos a Alvarenga Peixoto, sendo um deles inédito para os leitores modernos até a sua publicação por Francisco Topa em 1998. Esses oito poemas são divididos em dois subgrupos devido à sua disposição no códice: inicialmente, entre as páginas 89 e 96, lemos o "Sonho Poético" e a "Ode à D. Maria"; quase trinta páginas depois, são copiados a "Ode ao Marquês de Pombal" e cinco sonetos. Isso reforça o que defendo em diversas partes deste livro sobre a necessidade de lermos o "Sonho Poético" e a "Ode à D. Maria" como um conjunto poético apresentado sempre nessa ordem. Se podemos ler a "Ode" como um texto autônomo por sua presença em alguns códices desacompanhada do "Sonho Poético", o contrário não ocorre. Em todas as suas presenças materiais manuscritas, o "Sonho Poético" precede a "Ode à D. Maria"; esse fator não deve ser deixado de lado em nossas leituras.

Sobre o códice, embora não haja uma datação em sua folha de rosto, os poemas aqui editados indicam de maneira bastante clara que ele foi produzido após a prisão de Alvarenga Peixoto em decorrência de seu envolvimento na Conjuração de Minas. O comentário feito ao soneto copiado na página 132 do códice faz referência aos autos do processo da Devassa, o que me leva a supor que o códice tenha sido produzido ou nos últimos anos do século XVIII ou, mais verossimilmente, nos anos iniciais do século XIX. Tentei localizar quem seria Henrique de Brederode, a quem é atribuída a sua compilação, mas infelizmente o nome não é preciso o suficiente para que eu pudesse encontrar uma referência inquestionável. Localizei um Henrique Brederode na Sociedade Geográfica de Lisboa durante o século XIX, mas não encontrei evidências suficientes para que possa afirmar ser ele o autor desta miscelânea. Há diversas outras pessoas durante o século XVIII e XIX que

---

1. Biblioteca e Arquivo Distrital de Évora – Fundo Manizola, Ms. 542, pp. 89-96 e 125-134.

fizeram parte do mundo letrado luso-brasileiro e que têm "Henrique Brederode" como parte de seus nomes, o que dificulta essa localização. Uma pesquisa mais aprofundada nesta questão talvez pudesse lograr melhores resultados não só para localizar o autor da compilação, mas para compreender melhor em que contexto ela se deu.

[p. 89] SONHO POÉTICO
Alvarenga

Oh que sonho! Oh que sonho eu tive nesta
Feliz ditosa sossegada sesta!
Eu vi o Pão d'açúcar levantar-se,
E no meio das ondas transformar-se
Na figura do Índio mais gentil   5
Representando só todo o Brasil.
Pendente ao tiracol de branco arminho
Côncavo dente de animal marinho
As preciosas armas lhe guardava,
Era tesouro juntamente e aljava.   10
De pontas de diamante eram as setas
As hásteas d'ouro, mas as penas pretas,
Que o Índio valeroso ativo, e forte
Não manda seta em que não mande a morte
Zona de penas de vistosas cores   15
Guarnecida de bárbaros lavores
De folhetas, e pérolas pendentes
Finos cristais, topázios transparentes;
E em recamadas peles de Saíras
Rubins, e diamantes, e safiras.   20
[p. 90] Em campo d'esmeralda; escurecia
A linda estrela, que nos traz o dia.
No cocar oh que assombro! oh que riqueza!
Vi tudo quanto pode a natureza.
No peito em grandes letras de diamantes   25
O nome d'Augustíssima Imperante.
De inteiriço coral novo instrumento
As mãos lhe ocupa enquanto ao doce acento

COLEÇÃO DE VÁRIAS OBRAS POÉTICAS...   141

Das sonoras palhetas que afinava
Píndaro Americano assim cantava =   30
　　　Sou Vassalo, e sou leal
　　　　　Como tal
　　　Fiel constante
　　　Sirvo à glória da Imperante
　　　Sirvo à grandeza Real.   35
　　　Aos Elísios descerei
　　　Fiel sempre a Portugal,
　　　Ao famoso Vice-Rei,
　　　Ao Ilustre General,
　　　Às Bandeiras que jurei;   40
　　　Insultando o fado, e a sorte

[p. 91]　　E a fortuna desigual,
　　　　A quem morrer sabe a morte
　　　　Nem é morte nem é mal.

[p. 91]　　　　ODE DO MESMO AUTOR
　　　　Estrofe 1ª.
　　　　Invisíveis vapores
Da baixa terra contra o Céu erguidos,
Não ofuscam do sol os resplendores
　　　　Os padrões erigidos,
A fé Real nos peitos lusitanos,   5
São do primeiro Afonso conhecidos.
　　　　A nós Americanos,
Toca a levar pela razão mais justa
Do Trono a fé aos derradeiros anos.
　　　　Fidelíssima Augusta   10
Desentranhe um riquíssimo tesouro
Do cafre Americano a mão robusta[2],
　　　　Se o Tejo ao Minho, e ao Douro
Lhe mostra um Rei em bronze eternizado,
Mostra-lhe a filha eternizada em ouro.   15

---

2. No manuscrito, encontra-se grafado "cafre", provavelmente por erro do copista, sendo "cofre" a palavra que faria mais sentido nesse contexto. De qualquer forma, reproduzo aqui este ruído de leitura.

[p. 92]

2ª

Do Trono os resplendores
Façam a nossa glória, e vestiremos
Bárbaras penas de vistosas cores,
Para nós só queremos
Os pobres dons da simples natureza,   *20*
E seja vosso tudo quanto temos.
Sirva à Real Grandeza
A prata, ou ouro[3], a fina pedraria,
Que esconde destas serras a riqueza:
Ah! chegue o feliz dia   *25*
Em que do Mundo novo a parte inteira
Aclame o nome Augusto de Maria
Real, Real Primeira;
Só esta voz na América s'escute
Veja-se tremular uma bandeira.   *30*

3ª

Rompam instável sulco
Do pacífico mar na face plana,
Os galeões pesados de Acapulco[4]
Das serras d'Araucana
Desçam nações confusas diferentes   *35*
A vir beijar as Mãos da Soberana.

[p. 93]

Chegai chegai contentes
Não temais dos Pizarros a fereza
Nem dos seus companheiros insolentes.
A Augusta Portuguesa   *40*
Conquista corações, em todos ama
O Soberano Autor da natureza[5],
Por seus filhos nvos chama,
Vem pôr o termo à nossa desventura
E os seus favores sobre nós derrama.   *45*

---

3. A rasura parece indicar que o copista ocultaria o artigo definido, mas o acrescentou antes de terminar de escrever a palavra "ouro".

4. Na época, o nome da região ocidental do México que hoje conhecemos apenas como Acapulco também podia ser grafado como "Acapúlio", como ocorre neste manuscrito. Modernizei a grafia para "Acapulco". Sobre essa questão, cf. p. 112, nota 5.

5. O copista erra a disposição deste verso decassílabo e o desloca à direita. Reproduzi a disposição como se encontra no manuscrito.

COLEÇÃO DE VÁRIAS OBRAS POÉTICAS...

4ª

S'o Rio de Janeiro
Só a glória de ver-vos merecesse
Já era vosso o Mundo novo inteiro;
Eu fico que estendesse
Ao cabo, ao mar pacífico as medidas,   *50*
E por fora d'Havana as recolhesse,
Ficavam incluídas
As terras que vos foram consagradas
Apenas por Vespúcio conhecidas.
As cascas enroladas   *55*
Os aromas, e os Índicos efeitos[6]
Puderam mais que as serras prateadas.
Mas nós de amor sujeitos   [p. 94]
Prontos vos ofertamos à conquista,
Bárbaros braços, mas constantes peitos.   *60*

5ª

Pôde a Tartária Grega
A luz gozar da Russiana Aurora,
E a nós esta fortuna não nos chega⸮[7]
Vinde Real Senhora
Honrai os vossos mares por dois meses   *65*
Vinde ver o Brasil que vos adora.
Noronhas, e Menezes
Cunhas, Castros, Almeidas, Silvas, Mellos,
Têm prendido o Leão por muitas vezes.
Fiai os Reais Selos   *70*
A mãos seguras, vinde descansada.
[p. 95]   De que servem dois grandes Vasconcellos⸮
Vinde a ser coroada
Sobre a América toda que protesta
Jurar nas vossas mãos a Lei sagrada.   *75*

---

6. Novamente, o copista erra a disposição deste decassílabo e o desloca à direita. Mantive essa disposição.

7. Encontra-se nesse manuscrito uma interrogação espelhada. Inicialmente, achei que fosse erro do copista, mas após pesquisar sobre essa pontuação, localizei a informação (difusa em diversas fontes e por meio de conversa com professores, aos quais agradeço) de que Henry Denham, em 1580, haveria inventado esse sinal para indicar "pergunta retórica". Por esse motivo, decidi mantê-lo desta forma, para evitar perdermos possíveis nuances de sentido da performance proposta por este manuscrito.

6ª

Vai ardente desejo
Entra humilhado na Real Lisboa,

[p. 95]   Sem ser sentido do invejoso Tejo
Aos pés Augustos voa
Chora, e faze que a Mãe compadecida   *80*
Dos saudosos filhos se condoa[8].
Ficando enternecida
Mais do Tejo não temas o rigor,
Tens triunfado, tens a ação vencida.
D'América o furor   *85*
Perdoai Grande Augusta. É lealdade
São dignos de perdão crimes d'amor.
Perdoe a Majestade
Enquanto o Mundo novo sacrifica
À tutelar, propícia Divindade.   *90*

7ª

O Príncipe sagrado
No pão de pedra[9], que domina a barra
Em Colossal Estátua levantado
Veja a triforme garra
Quebrar-lhe aos pés Netuno furioso   *95*
Que o irritado Sudoeste esbarra[10]
E veja glorioso
Vastíssima extensão d'imensos mares

[p. 96]   Que cerca o seu Império majestoso
Honrando nos altares   *100*
Uma mão, que o faz ver de tanta altura
Ambos os mundos seus, ambos os mares.
E a fé mais santa e pura
Espalhada nos bárbaros desertos
Conservada por vós firme, e segura.   *105*

---

8. Novamente, o copista erra a disposição do verso. Mantive como está no manuscrito.

9. O copista havia escrito "No pão da pedra", e decidiu excluir o artigo por meio de uma rasura, deixando apenas "No pão de pedra".

10. Novamente, o copista erra a disposição do verso. Mantive como se encontra no manuscrito.

8ª[11]

Sombra ilustre, e famosa
Do grande fundador do Luso Império,
Eterna paz, eternamente goza
Num, e noutro Hemisfério,
Tu vês os teus Augustos descendentes   *110*
Dar as Leis pela voz do ministério,
E os povos diferentes,
Que é impossível quase o numerá-los,
E vêm a tributar-lhe obedientes
A glória de mandá-los;   *115*
Pedem o Neto glorioso teu
Que adorarão Rei, que servirão vassalos
O Índio o pé bateu;
Tremeu a terra, ouvi trovões, vi raios,
E de repente desapareceu.   *120*

---

11. Nesta estrofe, ocorrem vários desvios na disposição dos versos, que edito da maneira como se encontram no manuscrito.

146   OBRAS POÉTICAS DE ALVARENGA PEIXOTO

[p. 125]   *Ao Marquês de Pombal*
         ODE

Não os heróis que o gume ensanguentado
Da cortadora espada
Em alto pelo mundo levantando
Trazem por estandarte
Dos furores de Marte;   5
Nem os que sem temor do irado Jove
     Arrancam petulantes
Da mão robusta que as esferas move
     Os raios crepitantes,
E passando a insultar os elementos   10
     Fazem cair dos ares
     Os cedros corpulentos
Por ir rasgar o frio seio aos mares
     Levando a toda a terra
Tinta de sangue, e envolta em fumo a guerra.   15
Ensanguentados rios quantas vezes
     Vistes os férteis vales
Semeados de lanças, e de arneses?

[p. 126]   Quantas Oh Ceres loura,
Crescendo uns males, sobre os outros males,   20
Em vez de trigo que as espigas doura
     Viste espigas de ferro;
Frutos plantados pela mão do erro?
Escolhidos em montes sobre as eiras
Rotos pedaços de servis bandeiras?   25
Inda vejo na frente ao velho Egito
     O horror, o estrago, o susto,
Por mãos de Heróis tiranamente escrito.
César, Pompeu, Antônio, Crasso, Augusto,
Nomes que a fama pôs dos Deuses perto,   30
     Reduziram por glória
Províncias e Cidades a deserto,
E apenas conhecemos pela história,

COLEÇÃO DE VÁRIAS OBRAS POÉTICAS... 147

Que o tem roubado às heras[12],

Qual fosse a habitação que hoje é das feras.   *35*

[p. 127] Bárbara Roma, só por nome Augusta,

Desata o pranto vendo

A conquista do Mundo o que te custa:

Cortam os fios dos arados tortos

Trezentos Fábios, num só dia mortos;   *40*

Zelosa negas um honrado asilo

Ao Ilustre Camillo:

A Mânlio ingrata, do escarpado cume

Arrojas por ciúme,

E vês a sangue frio, oh povo vário   *45*

Subir Marcello às proscrições de Mário?

Grande Marquês os Sátiros saltando

Por entre as verdes parras,

Defendidas por ti de estranhas garras,

Os trigos ondeando   *50*

Nas fecundas searas,

Os incensos fumando sobre as aras,

A nascente Cidade,

Mostram a verdadeira heroicidade.

[p. 128] Os altos Cedros, os copados pinhos   *55*

Não a conduzir raios

Vão romper pelo mar novos caminhos,

Em vez da morte, sustos, e desmaios,

Danos da Natureza,

Vão produzir, e transportar riqueza.   *60*

O curvo arado rasga os campos nossos

Sem turbar o descanso eterno aos ossos.

Frutos do teu suor, do teu trabalho

São todas as empresas;

12. Neste ponto, uma escolha interpretativa não trivial foi necessária. No manuscrito, lemos "as heras", que poderia ser modernizado como "às heras", "as heras", "as eras" e "às eras" sem que nenhuma dessas opções fosse absurda, dada a irregularidade no uso do acento grave para marcar o fenômeno da crase e nos diferentes usos do h inicial. Seus outros editores optaram por publicar "à era" ou "a era". Eu opto por modernizar a expressão para "às heras", pois o verso me parece fazer mais sentido dessa maneira: a História traz à luz os grandes nomes das civilizações passadas, que estariam de outra forma ocultos sob as heras e condenados ao esquecimento; dessa forma, a História os rouba às heras. Trata-se de uma escolha interpretativa que me parece a mais adequada dentre outras possíveis.

148   OBRAS POÉTICAS DE ALVARENGA PEIXOTO

Unicamente à sombra do Carvalho   *65*
Descansam hoje as quinas portuguesas.
Que importa[13] os exércitos armados
No campo com respeito conservados,
Se lá do gabinete a guerra fazes,
E a teu arbítrio dás o tom às pazes: *70*
Que sendo por mão destra manejada,
A política vence mais, que a espada.

[p. 129]   Que importam Tribunais, e Magistrados,
             Asilos da inocência
Se puderem temer-se declarados   *75*
             Patronos da insolência?
             De que servirão tantas,
E tão saudáveis Leis sábias, e santas,
             Se em vez de executadas
Forem por mãos sacrílegas frustradas?   *80*
Mas vive tu, que para o bem do mundo
             Sobre tudo vigias,
Cansando o teu espírito profundo
             As noites, e mais os dias.
Ah! quantas vezes sem descanso um'hora   *85*
Vês retirar-se o Sol, erguer-se a Aurora,
Enquanto envolves no cansado estudo
As Leis, a guerra, o negócio, e tudo?
Vale mais do que um Reino, um tal vassalo,
Graças ao grande Rei que soube achá-lo.   *90*

    Alvarenga

---

13. O copista havia escrito o verbo no plural – "importão", que seria modernizado para "importam" –, mas decidiu rasurá-lo para manter no singular.

[p. 130]   SONETOS

Por mais que os alvos cornos curve a Lua
Furtando as luzes ao autor do dia,
Por mais que Tétis na morada fria   *3*
Ostente a pompa da beleza sua:

Por mais que a Linda Citereia nua
Nos mostre o preço da Gentil Porfia,   *6*
Entra no campo tu bela Maria,
Entra no campo que a vitória é tua.

Verás a Cíntia protestar o engano;   *9*
Verás Tétis sumir-se envergonhada
Nas cavernosas grutas do Oceano;

Vênus ceder-te o pomo namorada,   *12*
E sem Tróia sentir o último dano
Verás de Juno a cólera vingada.

       Alvarenga

[p. 131]   Chia de dia pela rua o carro,
Tine de noute da corrente o ferro;
Aqui me estruge do soldado o berro,   *3*
Acolá me ronca do oficial o escarro:

Uns trabalham na cal, outros no barro,
Fugiu a vadiação, pôs-se em desterro: *6*
O soldado ali faz justiça ao erro,
E a cada canto com galés esbarro.

Não há milho, feijão, não há farinha,   *9*
O ronceiro de medo a tropa arreia
A nova lutaria se avizinha.

Vê-se a porta de mendigos cheia   *12*
E perguntada a causa desta tinha
Toda a gente me diz = faz-se a Cadeia.

       Alvarenga

[p. 132]

A Paz, a doce Mãe das alegrias,
O pranto, o luto, o dissabor desterra;
Faz que se esconda a criminosa guerra,   *3*
E traz ao mundo os venturosos dias.

Desce cumprindo humanas profecias
A nova geração do Céu à terra;   *6*
O Claustro virginal se desencerra
Nasce o filho de Deus, chega o Messias.

Busca o Presépio, cai no pobre feno   *9*
A mão onipotente, a quem não custa
Criar mil mundos ao primeiro aceno.

Bendita sejas Lusitânia Augusta!   *12*
Cobre o mar, cobre a terra um Céu sereno
Graças a ti oh grande, oh sabia, oh justa.

Feito pelo Doutor Inácio José de Alvarenga, e junto aos autos, e embargos da sua defesa, pelo crime imputado da sublevação de Minas.

COLEÇÃO DE VÁRIAS OBRAS POÉTICAS...   151

[p. 133]   *Do mesmo feito depois da prisão*

SONETO

Eu não lastimo o próximo perigo[14],
Uma escura prisão estreita, e forte,
Lastimo os caros filhos, a consorte,   *3*
A perda insuperável dum amigo[15].

A prisão não lastimo outra vez digo
Nem o ver iminente o duro corte;   *6*
É ventura também achar a morte,
Quando a vida só serve de castigo.

Ah! quão depressa então eu não sentira   *9*
Este enredo, este sonho, esta quimera,
Que passa por verdade, e que é mentira.

Se filhos, e Consorte não tivera[16],   *12*
Se do amigo as virtudes possuíra
Só de vida um momento não quisera.

14. Há uma pequena cruz desenhada próxima a este verso no manuscrito. Pelo assunto deste soneto, é possível que algum leitor imagine que o símbolo tenha algum tipo de função enfática em relação aos sofrimentos da prisão.

15. No manuscrito, está escrito "inseperável". Neste caso, para a modernização, tive que optar entre "insuperável" ou "inseparável", e a primeira me pareceu mais viável.

16. "Consorte" estava escrito com inicial minúscula, e o copista decidiu alterá-la para maiúscula. Mantive a segunda versão aqui.

[p. 134] *Do mesmo*

SONETO

Não me aflige do potro a viva quina,
Da férrea maça o golpe não me ofende,
E sobre a chama a mão se não estende,   *3*
Nem sofro do agulhete a ponta fina.

Grilhão pesado os passos não domina,
Cruel arrocho a testa me não fende,   *6*
À força perna, ou braço se não rende
Longa Cadeia o colo não me inclina.

Água, e pão faminto não procuro   *9*
Grossa pedra não cansa a humanidade
A pássaro voraz eu não aturo.

Estes males não sinto, isto é verdade;   *12*
Porém sinto outro mal inda mais duro
Da consorte, e dos filhos a saudade.

11

Manuscrito 1189[1]

Manuel Rodrigues Lapa foi o primeiro editor moderno a imprimir esta "Ode aos Trabalhos de Hércules", localizada por ele na Biblioteca Municipal do Porto. O poema está em um códice que compila poemas de diversos autores, e se inicia no topo do fl. 100v e termina na metade do fl. 101, onde é imediatamente seguido por uma "Ode a uma Atriz de Ópera de Lisboa", atribuída a João Xavier de Matos. Lapa propõe que esse texto seja fruto dos anos de mocidade de Alvarenga Peixoto, e o caracteriza como "correto e ágil", mas adverte que "não se pode exigir dele poderosa originalidade e elevado nível de arte"[2]. Julgo que não devemos exigir "poderosa originalidade" de nada que tenha sido produzido antes do romantismo, já que isso seria uma um defeito técnico e falta de arte na concepção retórico-poética do século XVIII.

Se nos propusermos interpretar esse poema, a tarefa é inglória por um motivo simples: a falta de referente. O poema é muito nitidamente uma alegoria, e a narrativa parcial dos trabalhos de Hércules – que começa inclusive pelas serpentes que lhe atacam no berço e que não são parte de seus trabalhos – é bastante centrada na imagem das serpentes que lhe atacam. Sabemos que as serpentes são comumente signos da traição. A nobreza de Hércules, representada por seu sangue onipotente, o coloca em um nível teológico-político acima dos demais mortais – similar ao de um monarca setecentista. O que quero dizer é que não seria absurdo que se cogitasse, por exemplo, que esse poema faz referência a um episódio como a tentativa de regicídio cometida pelos marqueses de Távora e pelo Duque de Aveiro em fins da década de 1750 contra D. José I. A representação deles na Estátua

---

1. Biblioteca Pública Municipal do Porto.
2. Manuel Rodrigues Lapa, *Vida e Obra de Alvarenga Peixoto*, p. 5.

Equestre de D. José I, presente no Terreiro do Paço, é feita como cobras que são pisoteadas pelo cavalo do rei.

O problema com esta hipótese e com qualquer outra é o mesmo. Não temos qualquer indício concreto que nos autorize ou desautorize a interpretar o poema dessa maneira. Trata-se de uma alegoria fechada, ou seja, o poema pressupõe que seu leitor tem conhecimento prévio sobre o referente necessário para desvendar a alegoria; apenas elementos alegóricos são apresentados, sem menção a seus referentes na didascália. Como não temos esses elementos de referência, fica impossível saber com exatidão qual é o alvo da alegoria do poema. Particularmente, julgo a hipótese da tentativa de regicídio viável, mas sei que não passa de um palpite bem informado.

[fl. 100v] ODE AOS TRABALHOS DE HÉRCULES
por Inácio José Alvarenga

Tarde Juno Zelosa
Vê Júpiter o Deus onipotente,
Em Alcmena formosa
Ter Hércules e tanto esta dor sente,
Que em desafogo à pena 5
Trabalhos mil de Jove ao filho ordena.
Manda-lhe enfurecidas
Duas serpentes logo ao berço terno,
Criadas e nascidas
No infernal furor do Estígio Averno: 10
Mas nada surte efeito,
Se um sangue Omnipotente anima o peito
Mas mãos o forte Infante[3]
Despedaça as serpentes venenosas
E fica triunfante 15
Das Ciladas mortais e furiosas
Que Juno lh'ordenava
Quando ele a viver mal começava.

---

3. No início do verso, há um erro evidente do copista, que escreve "Mas" em vez de "Nas". Entretanto, como não há qualquer rasura no manuscrito, esse ruído deve ser solucionado no ato de leitura.

Cresce e a Cruel madrasta
Que sempre nos seus danos diligente   *20*
A vida lhe Contrasta,
Ou que viva em descansos não consente
Faz com que vagabundo
Corra sempre em trabalhos todo o mundo.
Aqui lhe põe irada   *25*
De diversas Cabeças a Serpente,
Que em briga porfiada

[fl. 101] Trabalha por troncar inutilmente
Divide-as mas que importa
Se outras tantas lhe nascem quantas corta.   *30*
Enfim por força e arte
Este monstro cruel deixa vencido,
Que já em outra parte
Trabalhos lhe tem Juno apercebido.
Tais que eu não sei dizê-los[4]   *35*
Mas pode o peito d'Hércules sofrê-los.
Triunfando e vencendo
Fazendo-se no mundo mais famoso,
A terra toda enchendo
Do seu heroico nome glorioso;   *40*
No templo da memória
Gravou o = non plus ultra = a sua glória

---

4. Este é o único verso com seis sílabas que não está recuado à direita no manuscrito. Mantenho o desvio como está no manuscrito.

Parte II

FONTES PRIMÁRIAS IMPRESSAS

1

Soneto Publicado ao Fim da Primeira Edição de *O Uraguai*, de Basílio da Gama

Este soneto é um encômio a José Basílio da Gama, revelando a amizade entre os dois poetas que justificaria que Basílio anexasse o texto de Alvarenga ao seu poema épico pombalino. O soneto é antecedido por outro de mesma natureza atribuído a Joaquim Inácio de Seixas Brandão, e é sucedido pela "Relação Abreviada da República, Que Os Religiosos Jesuítas das Províncias de Portugal, e Espanha, Estabeleceram nos Domínios Ultramarinos das duas Monarquias etc.", uma das peças mais conhecidas do antijesuitismo setecentista.

A história das edições deste soneto evidencia a sua leitura durante os séculos XIX e XX como um índice de pertencimento do *Uraguai* a uma sociedade aristocrática portuguesa. Embora ele esteja sempre presente nas edições do *corpus* de Alvarenga Peixoto, o mesmo não se pode dizer sobre as sucessivas edições do *Uraguai*. A quarta edição, em 1844, na *Minerva Brasiliense*, o exclui do volume e substitui por um soneto de Basílio da Gama dedicado a Tupac Amaru, para ressaltar o nativismo do autor. O soneto só voltará a acompanhar a épica em 1900, na nona edição do *Uraguai*, publicada em Pelotas pela Tipografia da Livraria Universal, apenas para ser eliminado vinte anos mais tarde pela edição de José Veríssimo. Em 1941, a Academia Brasileira de Letras publica uma edição fac-similar da *editio princeps*, onde o soneto de Alvarenga Peixoto está presente. Em 1984, a edição de Alexandre Pinheiro Torres novamente exclui o soneto de Alvarenga. Por fim, o soneto foi restaurado de forma aparentemente definitiva por Ivan Teixeira em 1996 à sua edição das *Obras Poéticas de Basílio da Gama*, que ainda hoje é uma das melhores edições desses escritos, apesar de sua abordagem neolachmanniana[1].

---

1. Um comentário detalhado sobre a história das edições de *O Uraguai* pode ser encontrado no estudo introdutório à edição de Teixeira (cf. Ivan Teixeira [ed.], *Obras Poéticas de Basílio da Gama*, pp. 123-168).

No poema, não há dúvidas sobre o posicionamento de Alvarenga Peixoto acerca das disputas entre as coroas de Portugal e Espanha e os jesuítas e indígenas que habitavam os Sete Povos das Missões: que se fizesse valer o Tratado de Madrid (1750) à força – "Arranca a espada, descarrega o corte". Neste soneto, Alvarenga Peixoto reafirma o pacto de sujeição colonial ao referir-se a essas missões como "república perjura", e louva Basílio da Gama por ter sido ele o escolhido para cantar essa matéria épica. Não resta dúvidas de que este soneto é um representante da poética do Mecenato Pombalino[2], que vigorou em Portugal até a queda do Marquês de Pombal em 1777.

Ao Autor

SONETO

Entro pelo Uraguai: vejo a cultura
    Das novas terras por engenho claro;
    Mas chego ao Templo majestoso, e paro   3
    Embebido nos rasgos da pintura.

Vejo erguer-se a República perjura
    Sobre alicerces de um domínio avaro: 6
    Vejo distintamente, se reparo,
    De Caco usurpador a cova escura.

Famoso Alcides, ao teu braço forte   9
    Toca vingar os cetros, e os altares:
    Arranca a espada, descarrega o corte.

E tu, Termindo, leva pelos ares   12
    A grande ação, já que te coube em sorte
    A gloriosa parte de a cantares.

Do Doutor Inácio José de Alvarenga Peixoto, graduado na faculdade de Leis pela Universidade de Coimbra.

---

2. Ivan Teixeira, *Mecenato Pombalino e Poesia Neoclássica: Basílio da Gama e a Poética do Encômio.*

2

Soneto Publicado em Folha Avulsa, Compilado em Códice[1]

Este soneto foi publicado por ocasião da inauguração da Estátua Equestre de D. José I no Terreiro do Paço, em Lisboa, no dia 6 de junho de 1775. A sua circulação em folha impressa avulsa é semelhante à de diversos outros poemas compostos na mesma ocasião, como demonstração da adesão desses letrados à política do mecenato pombalino tão característica do reinado de D. José I. A Estátua Equestre de D. José I é talvez o maior símbolo setecentista do poder de Pombal, e sua inauguração foi cercada de muitas pompas, com carros alegóricos, cortejos e, sobretudo, com a participação de inúmeros membros da administração pública, juristas e letrados de modo geral.

Há cópias deste soneto (e de outros produzidos na mesma ocasião por outros autores) em várias bibliotecas e arquivos públicos brasileiros e portugueses, mas limito meu comentário à cópia da Biblioteca Nacional de Portugal, onde primeiro encontrei o texto. No códice, com textos de diversas espécies líricas, encontra-se também uma *Narração dos Aplausos com que o Juiz do Povo e Casa dos Vinte-Quatro Festeja a Felicíssima Inauguração da Estátua Equestre Onde Também se Expõem as Alegorias dos Carros, Figuras, e Tudo o Mais Concernente às Ditas Festas*, que é publicada anonimamente, mas a tradição atribui a Caldas Barbosa. O cotejo do soneto com essa narração nos permite ver que Alvarenga está, em seus primeiros dois versos, fazendo uma enumeração de quatro dos carros alegóricos do desfile representando a relação do Império Português com os quatro continentes. No desfile, sua ordem foi: Europa, Ásia, África e América. Em seguida, viriam os carros de Apolo, Oceano e de Portugal Triunfante. A adjetivação que Alvarenga Peixoto impõe aos continentes é condizente com as alegorias apresentadas no desfile, que nada mais são do que a reafirmação de uma episteme imperialista.

---

1. Biblioteca Nacional de Portugal, Fundo Geral de Monografias, L.3343A.

A estátua representa D. José I sobre um pedestal, com seu cavalo pisoteando seus inimigos, representados como serpentes; no centro desse pedestal, de frente para o Tejo e na base da estátua, há um busto imponente de Pombal. Com isso, o ministro reafirmava a sua posição como a base sobre a qual o Império Português se sustentava. Alvarenga Peixoto demonstra perceber essa mensagem e dedica os dois tercetos do soneto a um louvor de Pombal, que resvala em um elogio secundário a D. José I.

*Na Inauguração
da
Estátua Equestre
Consagrada
à
Memória
d'El Rei Nosso Senhor
no Faustíssimo Dia 6 de Junho de 1775*

SONETO

América sujeita, Ásia vencida;
    África escrava, Europa respeitosa;
    Restaurada mais rica, e mais formosa   3
    A fundação de Ulisses destruída.

São a base, em que vemos erigida
    A Colossal Estátua majestosa,   6
    Que d'EL REI à memória gloriosa
    Consagrou Lusitânia agradecida.

Mas como a glória do Monarca justo   9
    É bem que àquele Herói se comunique,
    Que a fama canta, que eterniza o Busto:

POMBAL junto a JOSÉ eterno fique,   12
    Qual o famoso Agripa junto a Augusto,
    Como Sully ao pé do Grande HENRIQUE.

    Do Doutor Inácio José de Alvarenga

3

*Miscelânea Curiosa, e Proveitosa, ou Compilação, Tirada das Melhores Obras das Nações Estrangeiras; Traduzidas, e Ordenadas por *** C.I.*

Este retrato é uma das poucas obras atribuídas a Alvarenga Peixoto a que temos acesso por fontes produzidas durante sua vida. Trata-se de um retrato bastante tradicional e relativamente similar aos seis inéditos que localizei na BBM-USP. É o poema mais longo nesse gênero, com 128 versos, embora seus versos sejam bastante curtos, com quatro sílabas cada. O princípio de sua composição, no entanto, não difere em nada dos que já apresentei aqui. A mulher, chamada Marília neste caso, é retratada fisicamente em um eixo vertical descendente. Seu corpo é dividido em doze partes, como secções desse eixo vertical: cabelo, testa, sobrancelha, olhos, faces, covas do rosto, boca, pescoço, peito, mãos, cintura e pés, decorosamente saltando o baixo--ventre que, em outros retratos, é representado como "o mais". Também nisso excede em quantidade os outros retratos, que seccionam o eixo vertical de representação em no máximo dez partes.

O poema é absolutamente tradicional, semelhante a muitos outros retratos compostos por outros autores que podemos encontrar na própria *Miscelânea Curiosa e Proveitosa*. As prescrições que encontramos em artes poéticas desde a chamada Idade Média sobre como retratar a beleza feminina são seguidas rigorosamente nesse texto e os lugares-comuns empregados não causam surpresa quando os lemos. A comparação entre os sete retratos que publico aqui podem, no entanto, fornecer subsídios para um estudo mais alentado sobre as várias possibilidades de representação – e, por consequência, de idealização – da beleza física das mulheres na segunda metade do século XVIII luso-brasileiro.

Há quem queira ler esse tipo de menção às minas de ouro ao descrever os cabelos loiros de Marília (e de outras *personae* femininas em outros retratos produzidos por autores setecentistas luso-brasileiros) como uma espécie de nativismo poético, um nacionalismo *avant la lettre*. Acho essa leitura exagerada. Creio que a referência às minas de ouro não passa da utilização de um elemento do imaginário coletivo (ou, menos anacronicamente, da *doxa*) do século XVIII luso-brasileiro. Poeticamente, não vejo qualquer diferença entre o efeito dessa referência e daquela feita ao "ouro de Ofir" no retrato de Armânia para retratar seus cabelos loiros.

[p. 328]   RETRATO

    Marília bela,
Vou retratar-te,
Se a tanto a Arte
Puder chegar.
    Trazei-me, Amores;   5
Quanto vos peço,
Tudo careço
Para a pintar.

[p. 329]   Nos longos fios
De seus cabelos,   10
Ternos desvelos
Vão-se enredar
    Trazei-me, Amores;
Das minas d'ouro
Rico tesouro   15
Para os pintar.
    No resto, a idade
Da Primavera
Na sua esfera
Se vê brilhar.   20
    Trazei-me, Amores;
As mais viçosas
Flores vistosas
Para o pintar.
    Quem há que a testa   25
Não ame e tema:
De um Diadema
Digno lugar.

Trazei-me, Amores,
Da selva Idália
Jasmins de Itália
Para a pintar.
A frente adornam
Arcos perfeitos,
Que de mil peitos
Sabe triunfar.
Trazei-me, Amores
Justos nivéis[1],
Sutis pincéis
Para os pintar.

[p. 330] A um doce aceno
Dos brandos olhos,
Setas a molhos
Se veem voar.
Trazei-me, Amores,
Do Sol os raios,
Do Céu as cores
Para os pintar.
Nas lisas faces
Se vê a aurora,
Quando colora
A terra, e o mar.
Trazei-me, Amores,
As mais mimosas
Pudicas rosas
Para as pintar.
Os meigos risos
Com graças novas
Nas lindas covas
Vão-se ajuntar.
Trazei-me, Amores,
Aos pincéis leves
As sombras breves
Para os pintar.

30

35

40

45

50

55

60

---

1.   Para que o verso siga a regularidade métrica, é necessário que "níveis" seja lido como uma palavra oxítona, "nivéis". Na *Miscelânea*, não há qualquer acento. Já que a modernização da ortografia prescreveria a inclusão de um acento, optei por manter a regularidade métrica nessa inclusão.

Vagos desejos	*65*

Da boca as brasas.
As frágeis asas
Deixam queimar.

      Trazei-me, Amores,

Corais subidos,	*70*

Rubins partidos
Para a pintar.

[p. 331]   Entre alvos dentes

Postos em ala,

Suave fala	*75*

Perfuma o ar.

      Trazei-me, Amores,

Nas conchas claras
Pérolas raras

Para os pintar.	*80*

      O colo atlante

De tais assombros
Airosos ombros
Corre a formar.

Trazei-me, Amores	*85*

Jaspes às mãos cheias
Das finas veias
Para o pintar.

      Do peito as ondas

São tempestades,	*90*

Onde as vontades
Vão naufragar.

      Trazei-me, Amores,

Globos gelados,

Limões nevados	*95*

Para o pintar.

      Mãos cristalinas,

Roliços braços
Que doces laços

Prometem dar.	*100*

Trazei-me, Amores;
As açucenas
Das mais pequenas
Para as pintar.
[p. 332]   A delicada,   105
Gentil cintura
Toda se apura
Em se estreitar.
Trazei-me, Amores,
Ânsias, que fervem,   110
Só essas servem
Para a pintar.
Pés delicados
Ferindo a terra
Às almas guerra   115
Vêm declarar.
Trazei-me, Amores,
As setas prontas
De curtas pontas
Para os pintar.   120
Porte de Deusa,
Espírito nobre,
E o mais que encobre
Pejo vestal.
Só vós, Amores,   125
Que as graças nuas
Vedes, as suas
Podeis pintar.

4

Almanak das Musas, Nova Coleção de Poesias. Oferecida ao Gênio Português

Este é certamente o texto mais comentado de Alvarenga Peixoto. Trata-se do seu "Canto Genetlíaco", que é interpretado pela crítica literária como um símbolo do nativismo literário setecentista. Não me parece haver equívoco nessa leitura *a priori*, desde que compreendamos em que consiste esse nativismo e nos lembremos da natureza do texto que temos em mãos. Trata-se de um elogio ao nascimento de José Tomás de Menezes, filho de Rodrigo José de Menezes, que era governador das Minas Gerais durante essa época. Foi produzido por volta de 1782 e, segundo algumas evidências encontradas nos depoimentos das testemunhas compilados nos *Autos da Devassa*, declamado no batizado da criança. Trata-se, portanto, de um poema produzido por um membro da elite colonial em louvor ao governador de sua província – afinal, o louvor de um bebê não passa de um louvor aos seus pais – e declamado para uma plateia também da alta sociedade colonial nas Minas Gerais.

O poema exalta, efetivamente, as qualidades da natureza das Minas Gerais, da riqueza que ela esconde, e de seus homens – não apenas os governantes, mas também os escravizados. Disso não decorre que esse poema tenha qualquer tipo de visão libertária ou mesmo emancipatória em relação seja às Minas, seja aos escravizados. A comparação desses homens aos heróis da Antiguidade não é seguida por um brado pela independência. Ao contrário, o texto muito explicitamente os reinsere em uma posição de subordinação na estrutura do Império Português. A aspiração maior é que D. José Tomás de Menezes venha a ser o representante da coroa no Brasil porque, sendo português nascido nas Minas Gerais, teria um vínculo afetivo com os "pátrios lares" que moveria sua benevolência com os súditos da coroa nessas "brenhas duras".

Não há problemas em se ler isso como nativismo, desde que se note que o que está em questão não é uma exaltação do Brasil como uma pro-tonação, mas a reafirmação da oposição entre as Minas Gerais como *pátria* (*i. e.* o lugar onde José nasceu e seria criado) e Portugal como *nação* (ou seja, como o Estado ao qual ele se subordina). O texto reafirma o pacto de sujeição colonial – e o sistema escravagista – ao apresentar as Minas Gerais, seus escravizados e suas riquezas como a base material que garante a grandeza de Portugal.

OITAVAS

Feitas em Obséquio
do Nascimento
do Ilustríssimo Senhor
D. José Tomás de Menezes,
filho do Ilustríssimo e Excelentíssimo Senhor
D. Rodrigo José de Menezes,
Governando a Capitania
de Minas Gerais.
Pelo Dr. Inácio José de Alvarenga.
. . . .

I
  Bárbaros filhos destas brenhas duras,
Nunca mais recordeis os males vossos,
Revolvam-se no horror das sepulturas
Dos primeiros Avôs os frios ossos;
Qu'os Heróis das mais altas cataduras   5
Principiam a ser Patrícios nossos,
 E o vosso sangue, que esta terra ensopa,
 Já produz frutos do melhor da Europa.

II
  Bem que venha a semente à terra estranha,
Quando produz, com igual força gera;   10
Nem o forte Leão fora de Espanha
A fereza nos filho degenera[1]:
O que o Estio numas terras ganha,
Em outras vence a fresca Primavera,
 E a raça dos Heróis da mesma sorte   15
 Produz no Sul, o que produz no Norte.

---

1. Há um evidente erro de concordância neste verso. Mantive como se encontra no *Almanak*.

III

Rômulo porventura foi Romano?
E Roma a quem deveu tanta grandeza?
Não era o Grande Henrique Lusitano?
Quem deu princípio à glória Portuguesa?   *20*
Que importa que José Americano
Traga a honra, a virtude, e a fortaleza
De altos, e antigos Troncos Portugueses,
Se é Patrício este Ramo dos Meneses.

IV

Quando algum dia permitir o Fado,   *25*
Que ele o mando Real moderar venha,
E que o bastão do Pai com glória herdado
Do pulso invicto pendurado tenha;
Qual esperais que seja o seu agrado?
Vós exp'rimentareis, como se empenha   *30*
Em louvar estas serras, estes ares,
E venerar gostoso os Pátrios Lares.

[p. 141]   V

Isto que Europa Barbaria chama
Do seio das delícias tão diverso,
Quão diferente é para quem ama   *35*
Os ternos laços de seu pátrio berço!
O Pastor loiro, que o meu peito inflama,
Dará novos alentos ao meu Verso,
Para mostrar do nosso Herói na boca,
Como em grandezas tanto horror se troca: *40*

VI

Aquelas Serras na aparência feias
Dirá José, oh! quanto são formosas!
Elas conservam nas ocultas veias
A força das Potências Majestosas:
Têm as ricas entranhas todas cheias   *45*
De prata, oiro, e pedras preciosas:
Aquelas brutas, e escalvadas serras
Fazem as pazes, dão calor às guerras.

VII

Aqueles matos negros, e fechados,
Que ocupam quase a Região dos ares,   *50*
São os que em edifícios respeitados
Repartem raios pelos crespos mares:
Os Coríntios Palácios levantados,
Dos ricos Templos Jônicos Altares,
São obras feitas desses lenhos duros,   *55*
Filhos desses sertões feios, e escuros.

[p. 142]   ## VIII

A c'roa de oiro, que na testa brilha,
E o Cetro que empunha na mão justa
Do augusto José a Heroica Filha
Nossa Rainha Soberana Augusta;   *60*
E Lisboa da Europa maravilha,
Cuja riqueza todo o mundo assusta,
Estas terras a fazem respeitada,
Bárbara terra, mas abençoada.

IX

Estes homens de vários acidentes,   *65*
Pardos, e pretos, tintos, e tostados,
São os escravos duros, e valentes
Aos penosos trabalhos costumados:
Eles mudam aos rios as correntes,
Rasgam as serras, tendo sempre armados   *70*
Da pesada alavanca, e duro malho
Os fortes braços feitos ao trabalho.

X

Porventura, Senhores, pôde tanto
O Grande Herói, que a antiguidade aclama?
Porque aterrou a fera de Erimanto,   *75*
Venceu a Hidra com o ferro, e chama!
Ou esse, a quem a tuba Grega o canto
Fez digno de imortal, e eterna fama?
Ou ainda o Macedônico Guerreiro,
Que soube subjugar o mundo inteiro!   *80*

ALMANAK DAS MUSAS, NOVA COLEÇÃO DE POESIAS   173

[p. 143]   XI
          Eu só pondero, que essa força armada
Debaixo de acertados movimentos,
Foi sempre uma com outra disputada
Com fins correspondentes aos intentos:
Isto que tem co'a força disparada   85
Contra todo o poder dos Elementos?
Que bate a forma da terrestre Esfera,
Apesar duma vida a mais austera.

                           XII
          Se o justo, e útil pode tão somente
Ser o acertado fim das ações nossas;   90
Quais se empregam, dizei, mais dignamente
As forças destes, ou as forças vossas?
Mandam a destruir a humana gente
Terríveis Legiões, Armadas grossas;
Procurar o metal, que acode a tudo,   95
É destes homens o cansado estudo.

                           XIII
          São dignos de atenção... ia dizendo,
A tempo que chegava o Velho honrado,
Que o povo reverente vem benzendo
Do Grande Pedro co' poder sagrado,   100
E já o nosso Herói nos braços tendo
O breve instante, em que ficou calado,
De amor em ternas lágrimas desfeito
Estas vozes tirou do amante peito.

[p. 144]   XIV
          Filho, que assim te chamo, Filho amado;   105
Bem que um Tronco Real teu berço enlaça,
Porque fostes por mim regenerado
Nas puras fontes da primeira Graça,
Deves o nascimento ao Pai honrado,
Mas eu de Cristo te alistei na praça;   110
E estas mãos, por favor de um Deus Eterno
Te restauraram do poder do Inferno.

XV

Amado Filho meu, torna a meus braços,
Permita o Céu, que a governar prossigas,
Seguindo sempre de teu pai os passos,   115
Honrando as suas paternais fadigas;
Não receies que encontres embaraços,
Aonde quer que o teu destino sigas,
Que ele pisou por todas estas terras
Matos, Rios, Sertões, Morros, e Serras.   120

XVI

Valeroso, incansável, diligente,
No Serviço Real promoveu tudo,
Já nos Países do Puri valente,
Já nos Bosques do bruto Boticudo:
Sentiram todos sua mão prudente   125
Sempre debaixo de acertado estudo;
E quantos viram seu sereno rosto,
Lhe obedeceram por amor, por gosto:

[p. 145]   ## XVII

Assim confio; o teu destino seja
Servindo a Pátria, e aumentando o Estado,   130
Zelando a honra da Romana Igreja,
Exemplo ilustre de teus Pais herdado.
Permita o Céu, que felizmente veja,
Quanto espero de ti desempenhado;
Assim contente acabarei meus dias,   135
Tu honrarás as minhas cinzas frias.

XVIII

Acabou de falar o honrado Velho,
Com lágrimas as vozes misturando,
Ouviu o nosso Herói o seu conselho:
Novos projetos sobre os seus formando,   140
Propagar as Doutrinas do Evangelho,
Ir os Patrícios seus civilizando,
Aumentar os Tesouros da Reinante,
São seus desvelos desde aquele instante.

XIX

Feliz Governo, queira o Céu sagrado;   *145*
Que eu chegue a ver esse ditoso dia,
Em que nos torne o século dourado
Os tempos de Rodrigo, e de Maria;
Século que será sempre lembrado
Nos instantes de gosto, e de alegria,   *150*
Até os tempos, que o destino encerra
De governar José a pátria Terra.

5

Jornal Poético, ou Coleção das Melhores Composições, em todo o Gênero dos Mais Insignes Poetas Portugueses, tanto Impressas, como Inéditas, Oferecidas aos Amantes da Nação[1]

Novamente, trata-se do "Canto Genetlíaco", publicado por Desidério Marques Leão quase vinte anos após a publicação do *Almanak* por Caldas Barbosa. O leitor notará algumas variantes sutis entre este escrito e o anterior, caso deseje cotejá-lo, mas nada muito significativo. Quero, portanto, apontar brevemente um outro elemento deste texto que, até agora, a crítica literária tem ignorado constantemente: o seu pertencimento a uma espécie discursiva devidamente normatizada em artes retóricas setecentistas.

O elogio de um bebê que acabou de nascer apresenta uma dificuldade apriorística: como elogiar alguém que ainda não realizou nenhum feito digno de elogio? Embora o genetlíaco se valha dos mesmos artifícios retóricos que o elogio de um adulto, esses artifícios devem ser empregados diferentemente para que o resultado seja um texto elevado e não ridículo. As artes retóricas costumam prescrever técnicas para esse tipo de discurso. Em 1794, por exemplo, Bento Rodrigo Pereira de Soto-Maior e Menezes publica seu *Compêndio Retórico* e elenca algumas das técnicas para celebrar "o nascimento de algum menino ilustre": "[...] aplaude-se a honra dos antepassados; e as virtudes dos seus progenitores: dão-se-lhe parabéns pela felicidade da regeneração à graça: e se exorta a antepor esta honra espiritual a todas, quantas herdar, e adquirir, por sublimes que sejam[2]". Encontramos todos esses elementos na composição deste poema.

Menezes também propõe que, ao celebrar uma pessoa, deve-se tecer elogios ou comentários sobre sua geração, pátria, natureza, educação e fortuna, e que todos esses elementos não podem perder de vista o caráter

---

1. Agradeço ao Marcello Moreira por ter me enviado uma cópia desta fonte primária durante meu mestrado.

2. Bento Rodrigo Pereira de Soto-Maior e Menezes, *Compendio Rhetorico, ou Arte Completa de Rhetorica com Methodo Facil...*, pp. 50-51.

do elogiado, seu estado e seu sexo[3]. Portanto, muitos dos elementos que associamos ao nativismo de Alvarenga Peixoto decorrem diretamente das prescrições do gênero no qual ele se exercita neste poema. O louvor da pátria do homenageado é lugar-comum recorrente em elogios a poderosos – ainda que eles sejam apenas bebês. Neste caso, ele elogia a natureza bruta e rica do Brasil, mas faz questão de indicar que a grandeza de D. José vem da nobreza de seus antepassados portugueses – "bem que venha a semente a terra estranha, / quando produz, com igual força gera". Alvarenga ampara a distinção entre nação e pátria na estrutura poético-retórica do genetlíaco para construir seu elogio de forma decorosa e eficaz.

[p. 128] Ao Nascimento de D. José Tomás de Menezes, filho de D. Rodrigo José de Menezes, Governador de Minas Gerais.

OITAVAS

I

Bárbaros filhos destas brenhas duras,
Nunca mais recordeis os males vossos,
Revolvam-se no horror das sepulturas
Dos primeiros Avôs os frios ossos;
Qu'os Heróis das mais altas catadurgas   5
Principiam a ser Patrícios nossos,
E o vosso sangue, que esta terra ensopa,
Já produz frutos do melhor da Europa.

II

Bem que venha a semente à terra estranha,
Quando produz, com igual força gera;   10
Nem o forte Leão fora de Espanha
A fereza nos filhos degenera:
O que o Estio numas terras ganha,
Em outras vence a fresca Primavera,
E a raça dos Heróis da mesma sorte   15
Produz no Sul o que produz no Norte.

---

3. *Idem*, pp. 46-49.

[p. 129]

III

Rômulo[4] porventura foi Romano?
E Roma a quem deveu tanta grandeza?
Não era o Grande Henrique Lusitano?
Quem deu princípio à glória Portuguesa?   20
Que importa que José Americano
Traga a honra, a virtude, e a fortaleza
De altos, e antigos Troncos Portugueses,
Se é Patrício este Ramo dos Menezes.

IV

Quando algum dia permitir o Fado,   25
Que ele o mando Real moderar venha,
E que o bastão do Pai com glória herdado
Do pulso invicto pendurado tenha;
Qual esperais que seja o seu agrado?
Vós exp'rimentareis como se empenha   30
Em louvor estas serras, estes ares,
E venerar gostoso os Pátrios lares.

V

Isto que Europa Barbaria chama
Do seio das delícias tão diverso,
Quão diferente é para quem ama   35
Os ternos laços de seu pátrio berço!
O Pastor loiro, que o meu peito inflama,
Dará novos alentos ao meu Verso,
Para mostrar do nosso Herói na boca,
Como em grandezas tanto horror se troca.   40

---

4. Aqui, há um erro de escrita: está impresso "Ramulo", em vez de "Rômulo". Modernizando, corrigi o erro, por ser a única possibilidade de interpretação viável neste caso.

VI

[p. 130]
   Aquelas serras na aparência feias
Dirá José oh! quanto são formosas!
Elas conservam nas ocultas veias
A força das Potências Majestosas:
Têm as ricas entranhas todas cheias   *45*
De prata, oiro, e pedras preciosas:
Aquelas brutas, e escalvadas serras
Fazem as pazes, dão calor às guerras.

VII

   Aqueles matos negros e fechados,
Que ocupam quase a Região dos ares,   *50*
São os que em edifícios respeitados
Repartem raios pelos crespos mares:
Os Coríntios Palácios levantados,
Dos ricos Templos Jônicos Altares,
São obras feitas desses lenhos duros,   *55*
Filhos desses sertões feios, e escuros.

VIII

   A c'roa de oiro, que na testa brilha,
E o cetro que empunha na mão justa
Do Augusto José a Heroica Filha
Nossa Rainha Soberana Augusta;   *60*
E Lisboa da Europa maravilha,
Cuja riqueza todo o mundo assusta,
Estas terras a farão respeitada,
Bárbara terra, mas abençoada.

[p. 131]
IX

   Estes homens de vários acidentes   *65*
Pardos, e pretos, tintos, e tostados
São os escravos duros, e valentes
Aos penosos trabalhos costumados:
Eles mudam aos rios as correntes,
Rasgam as serras, tendo sempre armados   *70*
Da pesada alavanca, e duro malho
Os fortes braços feitos ao trabalho.

X

Porventura, Senhores, pôde tanto
O Grande Herói, que a antiguidade aclama?
Porque aterrou a fera de Erimanto,   *75*
Venceu a Hidra com o ferro e chama?
Ou esse a quem a tuba Grega o canto
Fez digno de imortal, e eterna fama?
Ou ainda o Macedônico Guerreiro,
Que soube subjugar o mundo inteiro?   *80*

XI

Eu só pondero que essa força armada
Debaixo de acertados movimentos,
Foi sempre uma com outra disputada
Com fins correspondentes aos intentos:
Isto que tem co'a força disparada   *85*
Contra todo o poder os Elementos?
Que bate a forma da terrestre esfera,
Apesar duma vida a mais austera.

[p. 132]   XII

Se o justo, e útil pode tão somente
Ser o acertado fim das ações nossas;   *90*
Quais se empregam, dizei, mais dignamente,
As forças destes, ou as forças vossas?
Mandam a destruir a humana gente
Terríveis Legiões, Armadas grossas;
Procurar o metal, que acode a tudo,   *95*
É destes homens o cansado estudo.

XIII

São dignos de atenção... ia dizendo,
A tempo que chegava o Velho honrado,
Que o povo reverente vem benzendo
Do Grande Pedro co' poder sagrado,   *100*
E já o nosso Herói nos braços tendo
O breve instante, em que ficou calado,
De amor em ternas lágrimas desfeito
Estas vozes tirou do amante peito.

XIV

Filho, que assim te chamo, Filho amado,   *105*
Bem que um Tronco Real teu berço enlaça,
Porque fostes por mim regenerado
Nas puras fontes da primeira graça,
Deves o nascimento ao Pai honrado,
Mas eu de Cristo te alistei na praça;   *110*
E estas mãos por favor de um Deus Eterno
Te restauraram do poder do Inferno.

XV

[p. 133]   Amado Filho meu, torna a meus braços,
Permita o Céu, que a governar prossigas,
Seguindo sempre de teu Pai os passos,   *115*
Honrando as suas paternais fadigas;
Não receies que encontres embaraços,
Aonde quer que o teu destino sigas,
Que ele pisou por todas estas terras
Matos, Rios, Sertões, Morros, e Serras.   *120*

XVI

Valoroso, incansável, diligente,
No Serviço Real promoveu tudo,
Já nos Países do Puri valente,
Já nos Bosques do bruto Boticudo:
Sentiram todos sua mão prudente   *125*
Sempre debaixo de acertado estudo;
E quantos viram seu sereno rosto,
Lhe obedeceram por amor, por gosto.

XVII

Assim confio; o teu destino seja
Servindo a Pátria, e aumentando o Estado,   *130*
Zelando a honra da Romana Igreja,
Exemplo ilustre de teus Pais herdado.
Permita o Céu, que felizmente veja,
Quando espero de ti desempenhado[5];
Assim contente acabarei meus dias,   *135*
Tu honrarás as minhas cinzas frias.

[p. 134]
XVIII

Acabou de falar o honrado Velho,
Com lágrimas as vozes misturando,
Ouviu o nosso Herói o seu conselho:
Novos projetos sobre os seus formando,   *140*
Propagar as Doutrinas do Evangelho,
Ir os Patrícios seus civilizando,
Aumentar os Tesouros da Reinante,
São seus desvelos desde aquele instante.

XIX

Feliz Governo, queira o Céu sagrado   *145*
Que eu chegue a ver esse ditoso dia,
Em que nos torne o século doirado
Os tempos de Rodrigo, e de Maria;
Século que será sempre lembrado
Nos instantes de gosto, e de alegria,   *150*
Até os tempos, que o destino encerra
De governar José a pátria Terra.

De Inácio José de Alvarenga

---

5. Parece ser erro de cópia, pois "Quanto" faria mais sentido que "Quando". Mantenho como está no impresso.

6

O Patriota, Jornal Literário, Político, Mercantil, etc. do Rio de Janeiro

Este soneto, que também aparece copiado no códice manuscrito 8610 da Biblioteca Nacional de Portugal e no 542 do Fundo Manizola da Biblioteca e Arquivo Distrital de Évora, é um dos poucos textos atribuídos a Alvarenga Peixoto do qual temos registro de uma recepção setecentista. Trata-se da peça central que nos permite compreender o envolvimento direto de Alvarenga Peixoto na briga literária que ocorreu em Lisboa durante as décadas de 1760-1770 e que ficou conhecida como "guerra dos poetas".

O soneto ficou conhecido em sua época pela imagem dos "alvos cornos da lua", que foi considerada indecorosa por alguns leitores e poetas da época. Alvarenga Peixoto era próximo dos poetas João Xavier de Matos, Domingos dos Reis Quita, Miguel Tibério Pedegache e Desidério Marques Leão – dono da livraria onde esses poetas se reuniriam e, como já vimos, editor do *Jornal Poético* de 1812, onde o Canto Genetlíaco foi publicado pela segunda vez. Esse grupo foi alvo de sátiras escritas por adversários nessa briga literária, e algumas dessas sátiras não deixaram de mencionar explicitamente este soneto. Lapa edita uma sátira anônima em que um aldeão de Sintra briga com seu jumento, que tenta montar no dono. Ambos entram em uma discussão sobre isso e o jumento se defende dizendo que ele também tem alma – ainda que não seja imortal como a alma humana. Espantado, o aldeão questiona quem lhe deu ou emprestou a alma, e o soneto se encerra com esses dois versos: "– Quem foi? : aquele espírito tão raro, / o grão Doutor que cornos deu à Lua"[1].

Que a imagem tenha sido considerada indecorosa não surpreende, sobretudo no contexto de meados do século XVIII em Portugal. Mas disso não decorre que ela seja muito inventiva, nem que esse juízo seja estritamente poético. Há registros dessa imagem no cânone da literatura latina, mas

---

1. Manuel Rodrigues Lapa, *Vida e Obra de Alvarenga Peixoto*, pp. XV-XVI.

também no próprio *Uraguai* ela aparece sem que tenha sido considerada indecorosa. É mais provável que tenha sido apenas um elemento a mais para que os opositores pudessem prosseguir com suas sátiras. Antônio Lobo de Carvalho, um poeta satírico opositor a esse grupo, encerra um de seus sonetos com "E julgam dos poetas? são bem patos! / À merda, à merda manda-os o livreiro, / Quita, Alvarenga, Pedegache, e Mattos"[2], o que serve para demonstrar a animosidade existente entre esses grupos.

[p. 46]   SONETO
            do Doutor Inácio José de Alvarenga

Por mais que os alvos cornos curve a Lua,
    Roubando as luzes ao Autor do dia,
    Por mais que Tétis na morada fria   3
    Ostente a pompa da beleza sua.

Por mais que a linda Citereia nua
    Nos mostre o prêmio da gentil porfia,   6
    Entra no campo, tu, bela Maria,
    Entra no campo, que a vitória é tua.

Verás a Cíntia protestar o engano,   9
    Verás Tétis sumir-se envergonhada
    Para as úmidas grutas do Oceano.

Verás ceder-te o pomo namorada,   12
    E, sem Troia sentir o último dano,
    Verás de Juno a cólera vingada.

---

2. Antônio Lobo de Carvalho, *Poesias Joviaes e Satyricas de Antonio Lobo de Carvalho. Colligidas e Pela Primeira Vez Impressas*, p. 94.

7

Parnaso Brasileiro ou Collecção das Melhores Poezias dos Poetas do Brasil, tanto Ineditas, como Ja Impressas

Esta é sem sombra de dúvidas a principal fonte utilizada pelos outros editores modernos de Alvarenga Peixoto. Barbosa edita em seu *Parnaso* dezoito poemas desse *corpus*, e é considerado por todos os outros editores modernos como o primeiro editor de Alvarenga Peixoto. Sou de opinião um pouco divergente, mas não oposta. Barbosa, sem sombra de dúvidas, é o primeiro editor moderno a imprimir um número considerável de poemas desse *corpus*. Mas acho que o *Parnaso* responde a questões bastante específicas de seu momento de publicação e, por isso, é interessante também como fonte primária para compreendermos o *corpus* atribuído a Alvarenga Peixoto – no que difere das edições de Norberto, Carvalho e Lapa.

No contexto da invenção de uma nacionalidade brasileira, menos de uma década depois da declaração da independência do país, Barbosa decide imprimir

[...] esta coleção das melhores Poesias dos nossos Poetas, com o fim de tornar ainda mais conhecido no mundo Literário o Gênio daqueles Brasileiros, que, ou podem servir de modelos, ou de estimulo à nossa briosa mocidade, que já começa a trilhar a estrada das Belas Letras, quase abandonada nos últimos vinte anos dos nossos acontecimentos Políticos[1].

O trabalho de Barbosa é da maior importância, naquele contexto, para assegurar a circulação de parte da poesia produzida nos tempos coloniais entre leitores oitocentistas, embora tenha muitas limitações editoriais que já foram amplamente discutidas pela crítica e por mim mesmo em outros textos. Trata-se, antes de tudo, de uma invenção do "Gênio Brasileiro", uma

---

1. Januário da Cunha Barbosa, *Parnaso Brasileiro*, s.p.

maneira de demonstrar no mundo literário a independência em relação a Portugal que o Brasil já havia afirmado no mundo político.

Tendo isso em mente, eu decidi adotar a edição do *Parnaso* como uma fonte primária, ao lado das demais editadas neste livro. Acho que a sua preocupação com a instrução da "briosa mocidade" brasileira não difere tanto de diversas coletâneas, almanaques e miscelâneas poéticas setecentistas e oitocentistas que, fossem menos conhecidos que o *Parnaso*, figurariam aqui como fonte primária sem a necessidade de maiores explicações. Considero, portanto, que a primeira edição moderna do *corpus* atribuído a Alvarenga Peixoto é feita por Norberto, em 1865, e não por Barbosa em seu *Parnaso Brasileiro*.

Quero acrescentar, aqui, um comentário a um poema de autoria discutível e muito discutida ao longo dos anos: as sextilhas "Conselhos de Alvarenga Peixoto a Seus Filhos". Esse poema é tradicionalmente atribuído a Bárbara Heliodora Guilhermina da Silveira, sua esposa, embora com motivos quase nunca discutidos abertamente. Barbosa o edita entre as páginas 74 e 76 do quarto tomo do primeiro caderno de seu *Parnaso*. Norberto também o edita – indicando que são provavelmente de autoria de Bárbara Heliodora –, mas Carvalho e Lapa excluíram esse texto do *corpus* de Alvarenga Peixoto por dizerem que, sendo de autoria de Bárbara Heliodora, ele não deveria ser editado ali.

Se o poema foi escrito por Bárbara Heliodora ou não, fato é que até hoje não temos fontes setecentistas que corroborem qualquer uma das hipóteses. O que se nota ao ler o poema é um estilo diferente de composição em relação aos demais poemas que compõem o *corpus* de Alvarenga. Há alguns elementos que podemos elencar nesse sentido; o primeiro deles, seria a presença de um discurso muito marcadamente focado na juventude, que é um período da vida humana ausente dos demais poemas de Alvarenga Peixoto. Além disso, há uma ênfase bastante pronunciada na vida cotidiana desses jovens, apregoando a moderação nas relações com os amigos, o cuidado sobre o que se fala para que não sejam ouvidos por pessoas com segundas intenções etc. Também não encontramos isso no restante da poesia atribuída a Alvarenga Peixoto. Por fim, a última sextilha do poema remete a algumas formas de poesia popular oral nas quais os poemas terminam de forma um pouco abrupta e seus compositores deixam "o resto" à imaginação da audiência: "Até aqui pode bastar, / Mais havia que dizer; / Mas eu tenho que fazer, / Não me posso demorar, / E quem sabe discorrer / Pode o resto adivinhar" (p. 76). Todos esses elementos são estranhos à poética de Alvarenga Peixoto.

Particularmente, concordo com o juízo de que o poema não tenha sido composto por Alvarenga Peixoto e, caso tenha qualquer coisa a ver com o poeta, não há qualquer motivo para não crer que ele seja de autoria de Bárbara Heliodora. Sendo isso verdade, o que é impossível de se provar atualmente, Bárbara Heliodora Guilhermina da Silveira seria uma das primeiras mulheres a escrever poemas no Brasil de que temos notícia. O poema vai editado aqui como parte contestada do espólio de Alvarenga Peixoto, pois qualquer outra solução seria incoerente com meus critérios de edição que discuti longamente na introdução a este livro.

Tomo I (1829)

[p. 5] SONHO
Pelo Doutor Inácio José de Alvarenga

Oh que sonho! oh que sonho eu tive nesta
Feliz, ditosa, e sossegada sesta?
Eu vi o Pão de Açúcar levantar-se
E no meio das ondas transformar-se
Na figura de um Índio o mais gentil,   5
Representando só todo o Brasil.
Pendente ao tiracól de branco arminho
Côncavo dente de animal marinho
As preciosas armas lhe guardava;
Era tesoiro e juntamente aljava.   10
De pontas de diamantes eram as setas,
As hásteas d'oiro, mas as penas pretas;
Que o Índio valeroso altivo e forte[2]
Não manda seta, em que não mande a morte.
Zona de penas de vistosas cores   15
Guarnecida de bárbaros lavores,
De folhetas e pérolas pendentes,
Finos cristais, topázios transparentes,
Em recamadas peles de Saíras
Rubins, e diamantes, e Safiras,   20

---

2. No caderno, lê-se "ativo", mas em errata Barbosa corrige para "altivo".

Em campo de Esmeralda escurecia
A linda Estrela, que nos traz o dia.
No cocar... oh que assombro! oh que riqueza!
Vi tudo quanto pode a natureza.
No peito em grandes letras de diamante   25
O nome da Augustíssima Imperante.
De inteiriço coral novo instrumento
As mãos lhe ocupa, enquanto ao doce acento
Das saudosas palhetas, que afinava,
Píndaro Americano assim cantava.   30

. . . .

Sou vassalo, ᵉ sou leal,
        Como tal,
        Fiel constante,
Sirvo à glória da Imperante,
Sirvo à grandeza Real.   35
Aos Elísios descerei
Fiel sempre a Portugal,
Ao famoso Vice-Rei,
Ao Ilustre General,
Às bandeiras, que jurei.   40
Insultando o fado e a sorte,
E a Fortuna desigual,
Que a quem morrer sabe, a morte[3]
Nem é morte, nem é mal.

[p. 6]

---

3. Inicialmente, lê-se "A quem morrer sabe", mas Barbosa altera, em errata, para "Que a quem morrer sabe".

ODE

[p. 6]

À Rainha D. *Maria* I *pelo mesmo Autor, servindo de continuação ao Sonho*

Invisíveis vapores
Da baixa terra, contra os Céus erguidos,
Não ofuscam do Sol os resplendores.
    Os padrões erigidos
À Fé Real nos peitos Lusitanos,   *5*
São do Primeiro Afonso conhecidos.
    A nós Americanos
Toca levar pela razão mais justa
Do Trono a Fé aos derradeiros anos.
    Fidelíssima Augusta,   *10*
Desentranhe riquíssimo Tesoiro
Do cafre Americano a mão robusta[4];
    Se o Tejo ao Minho e ao Doiro
Lhe aponta um Rei em bronze eternizado,
Mostre-lhe a Filha eternizada em oiro.   *15*

. . . .

    Do Trono os resplendores
Façam a nossa glória, e vestiremos
Bárbaras penas de diversas cores[5].
    Para nós só queremos
Os pobres dons da simples natureza,   *20*
E seja vosso tudo quanto temos.
    Sirva à Real grandeza
A prata, o oiro, a fina pedraria,
Que esconde destas serras a riqueza.
    Ah! chegue o feliz dia,   *25*
Em que do novo Mundo a parte inteira
Aclame o nome Augusto de Maria.

[p. 7]
    Real Real Primeira,
Só esta voz na América se escute
Veja-se tremular uma bandeira.   *30*

. . . .

4. Inicialmente, Barbosa imprimiu "cofre", mas em errata corrigiu para "cafre".
5. Barbosa edita, na primeira versão do texto, "penas de vistosas cores", mas altera em errata para "penas de diversas cores".

Rompam o instável sulco
Do pacífico mar na face plana
Os Galeões pesados de Acapulco.
    Das serras da Araucana
Desçam Nações confusas diferentes   *35*
A vir beijar a mão da Soberana.
    Chegai, chegai contentes,
Não temais dos Pizarros a fereza,
Nem dos seus companheiros insolentes.
    A Augusta Portuguesa   *40*
Conquista corações, em todos ama
O Soberano Autor da Natureza.
    Por seus filhos vos chama,
Vem pôr o termo à nossa desventura
E os seus favores sobre nós derrama.   *45*

. . . .

    Se o Rio de Janeiro
Só a glória de ver-vos merecesse,
Já era vosso o mundo novo inteiro.
    Eu fico que estendesse
Ao Cabo ao mar pacífico as medidas[6],   *50*
E por fora da Havana as recolhesse.
    Ficavam incluídas
As terras, que vos foram consagradas,
Apenas por Vespúcio conhecidas.
    As cascas enroladas   *55*
Os aromas, e os Índicos efeitos,
Poderão mais que as Serras prateadas.
    Mas nós de amor sujeitos
Prontos vos ofertamos à conquista
Bárbaros braços, mas constantes peitos[7].   *60*

. . . .

6. O começo desse verso foi impresso "Do Cabo", mas posteriormente Barbosa o altera em errata para "Ao Cabo".

7. Inicialmente, Barbosa imprime "Bárbaros braços, e constantes peitos", mas altera para "mas constantes peitos" em errata.

Pode a Tartária Grega
A luz gozar da Russiana Aurora;
E a nós esta fortuna não nos chega?

[p. 8]
Vinde, Real Senhora,
Honrai os vossos mares por dois meses[8]   *65*
Vinde ver o Brasil, que vos adora.

Noronhas e Menezes
Cunhas, Castros, Almeidas, Silvas, Melos,
Têm prendido o Leão por muitas vezes.

Fiai os Reais Selos   *70*
A mãos seguras, vinde descansada[9],
De que servem dous grandes Vasconcelos?

Vinde a ser coroada
Sobre a América toda, que protesta
Jurar nas vossas mãos a Lei sagrada.   *75*

. . . .

Vai, ardente desejo,
Entra humilhado na Real Lisboa
Sem ser sentido do invejoso Tejo:

Aos pés Augustos voa,
Chora, e faze que a Mãe compadecida,   *80*
Dos saudosos filhos se condoa.

Ficando enternecida,
Mais do Tejo não temas o rigor,
Tens triunfado, tens a ação vencida.

Da América o furor   *85*
Perdoai, Grande Augusta; é lealdade,
São dignos de perdão crimes de amor.

Perdoe a Majestade,
Enquanto o mundo novo sacrifica
À tutelar propícia Divindade: *90*

. . . .

---

8. Na primeira impressão, o verso se inicia com "Honrar", mas Barbosa o corrige em errata para "Honrai".

9. O início do verso foi impresso como "De mãos seguras", mas foi alterado em errata para "A mãos seguras".

          O Príncipe sagrado
No pão da pedra, que domina a barra[10]
Em colossal estátua levantado,
          Veja a triforme garra
Quebrar-lhe aos pés Netuno furioso,   *95*
Que o irritado Sudoeste esbarra;
          E veja glorioso
Vastíssima extensão de imensos ares[11],
Que cerca o seu Império majestoso;
          Honrando nos altares   *100*
A mão, que o faz ver de tanta altura
Ambos os mundos seus, ambos os mares
          E a Fé mais Santa e pura,
Espalhada nos bárbaros desertos,
Conservada por vós firme e segura.   *105*

          . . . .

          Sombra ilustre e famosa
Do grande fundador do Luso Império,
Eterna Paz, eternamente goza.
          Num e noutro hemisfério
Tu vês os teus Augustos Descendentes   *110*
Dar as Leis pela voz do Ministério:
          E os povos diferentes,
Que é impossível quase enumerá-los,
E vem a tributar-lhe obedientes[12];
          A honra de mandá-los,   *115*
Pedem ao neto glorioso teu;
Que adoram Rei, que servirão vassalos.
          O Índio o pé bateu,
Tremeu a terra, ouvi trovões, vi raios,
E de repente desapareceu.   *120*

[p. 9]

---

10. O verso começa com "Do pão da pedra", inicialmente, mas é corrigido para "No pão da pedra" em errata.

11. Inicialmente, Barbosa imprime "imensos mares", mas corrige em errata para "imensos ares".

12. Barbosa inicia o verso com "Que vem a tributar-lhe", mas altera para "E vem a tributar-lhe" em errata.

[p. 9]

ODE

Pelo mesmo Autor, a Sebastião José de Carvalho e Melo,
Marquês de Pombal

Não os Heróis, que o gume ensanguentado
    Da cortadora espada
Em alto pelo mundo levantado
    Trazem por estandarte
    Dos furores de Marte[13];   *5*
Nem os que sem temor do irado Jove
    Arrancam petulantes
Da mão robusta, que as esferas move,
    Os raios crepitantes,
E passando a insultar os elementos   *10*
    Fazem cair dos ares
    Os cedros corpulentos
Por ir rasgar o frio seio aos mares,
    Levando a toda a terra
Tinta de sangue, envolta em fumo a guerra.   *15*

[p. 10] Ensanguentados rios, quantas vezes
    Vistes os férteis vales
Semeados de lanças e de arneses?
    Quantas, oh Ceres loura,
Crescendo uns males sobre os outros males   *20*
Em vez de trigo, que as espigas doura,
    Viste espigas de ferro,
Frutos plantados pelas mãos do erro,
E colhidos em montes sobre as eiras
Rotos pedaços de servis bandeiras!   *25*
Inda leio na frente ao velho Egito
    O horror, o estrago, o susto
Por mãos de Heróis tiranamente escrito;
César, Pompeu, Antônio, Crasso, Augusto,
Nomes, que a Fama pôs dos Deuses perto,   *30*
    Reduziram por glória
Cidades e Províncias a deserto[14]:

---

13. Barbosa substitui "Os furores", como se lia inicialmente, por "Dos furores" em errata.

14. Barbosa imprime inicialmente "Províncias e Cidades", mas substitui para "Cidades e Províncias" em errata.

E a penas conhecemos pela história
     Que o tem roubado às eras,
Qual fosse a habitação, que hoje é das feras.   *35*
Bárbara Roma, só por nome augusta,
     Desata o pranto vendo
A conquista do mundo o que te custa;
Cortam os fios dos arados tortos
Trezentos Fábios num só dia mortos,   *40*
Zelosa negas um honrado asilo[15]
     Ao ilustre Camilo;
A Mânlio, ingrata, do escarpado cume
     Arrojas por ciúme,
E vês a sangue frio, oh povo vário,   *45*
Subir Marcelo as proscrições de Mário.
Grande Marquês, os Sátiros saltando
     Por entre as verdes parras
Defendidas por ti de estranhas garras;
     Os trigos ondeando   *50*
     Nas fecundas searas;
Os incensos fumando sobre as aras,
     A nascente Cidade,
Mostram a verdadeira heroicidade.
Os altos cedros, os copados pinhos,   *55*
     Não a conduzir raios,
Vão romper pelo mar novos caminhos:
E em vez de sustos, mortes, e desmaios,
     Danos da natureza
Vão produzir e transportar riqueza.   *60*
[p. 11]   O curvo arado rasga os campos nossos,
Sem turbar o descanso eterno aos ossos:
Frutos do teu suor, do teu trabalho
     São todas as empresas;
Unicamente à sombra de Carvalho   *65*
Descansam hoje as Quinas Portuguesas.
Que importam os Exércitos armados
No campo com respeito conservados,
Se lá do gabinete a guerra fazes[16],

---

15. Em errata, Barbosa substitui "honroso" por "honrado".

16. Inicialmente, foi impresso "no gabinete", que Barbosa substitui em errata para "do gabinete".

E a teu arbítrio dás o tom às pazes?   *70*
Que, sendo por mão destra manejada,
A política vence mais que a espada.
Que importam Tribunais e Magistrados,
    Asilos da Inocência,
Se pudessem temer-se declarados   *75*
    Patronos da insolência?
    De que servirão tantas
Tão saudáveis Leis sábias e Santas,
    Se em vez de executadas
Forem por mãos sacrílegas frustradas?   *80*
Mas vives tu, que para o bem do mundo
    Sobre tudo vigias,
Cansando o teu espírito profundo
    As noites e os dias,
Ah! quantas vezes sem descanso uma hora   *85*
Vês recostar-se o Sol erguer-se a Aurora,
Enquanto volves com cansado estudo
As Leis e a guerra, e o negócio, e tudo?
Vale mais do que um Reino um tal vassalo
Graças ao Grande Rei, que soube achá-lo.   *90*

[p. 12]   # CANTO ÉPICO

Pelo mesmo Autor: batizando-se em Minas o Filho do
Excelentíssimo Senhor D. *Rodrigo José de Menezes*

1

Bárbaros filhos destas brenhas duras,
Nunca mais recordeis os males vossos;
Revolvam-se no horror das sepulturas
Dos primeiros Avós os frios ossos:
Os Heróis das mais altas cataduras   *5*
Principiam a ser patrícios nossos:
E esta terra que o vosso sangue ensopa[17],
Já produz frutos do melhor da Europa.

---

17. Este verso foi totalmente alterado em errata. Sua versão inicial era "E vosso sangue, que esta terra ensopa".

2

Bem que venha a semente à terra estranha,
Quando produz, com igual força gera,   *10*
Nem do forte Leão fora de Espanha
A fereza nos filhos degenera;
O que o Estio em umas terras ganha,
Nas outras vence a fresca primavera,
A raça dos Heróis da mesma sorte   *15*
Produz no Sul, o que produz no Norte[18].

3

Rômulo por ventura foi Romano?
E Roma a quem deveu tanta grandeza!
O grande Henriques era Lusitano?[19]
Quem deu princípio à glória Portuguesa,   *20*
Que importa que José Americano
Traga a honra, a virtude, e a fortaleza
De altos e antigos troncos Portugueses
Se é Patrício este ramo dos Menezes?

[p. 13]

4

Quando algum dia permitir o fado   *25*
Que ele o Cetro Real moderar venha[20],
E que o bastão do Pai com glória herdado
No pulso invicto pendurado tenha,
Qual esperais que seja o seu agrado?
Vós o vereis então como se empenha[21]   *30*
Em honrar estas Serras e estes ares[22],
Em venerar gostoso os pátrios lares;

18. Barbosa corrigiu, em errata, "que produziu no Norte" por "o que produz no Norte".
19. Inicialmente, lia-se "Henrique", que Barbosa altera para "Henriques" em errata.
20. Barbosa imprime inicialmente "mando Real", mas corrige em errata para "Cetro Real".
21. O verbo "experimentareis" foi substituído em errata por "o vereis".
22. "Louvar" foi substituído por "honrar" em errata.

5

Esses partidos morros e escalvados,
Que enchem de horror a vista delicada
Em soberbos palácios levantados   *35*
Desde os primeiros anos empregada,
Negros e extensos bosques tão fechados,
Que até ao mesmo Sol negam a entrada,
E do agreste País habitadores
Bárbaros homens de diversas cores,   *40*

6

Isto, que Europa barbaria chama,
Do seio das delícias tão diverso[23],
Quão diferente é para quem ama
Os ternos laços do seu pátrio berço!
O Pastor loiro, que meu peito inflama   *45*
Dará novos alentos ao meu verso,
Para mostrar do nosso Herói na boca
Como em grandezas tanto horror se troca.

7

Aquelas Serras na aparência feias,
Dirá José, oh quanto são formosas!   *50*
Elas conservam nas ocultas veias
A força das Potências Majestosas;
Têm as ricas entranhas todas cheias
De prata e oiro e pedras preciosas;
Aquelas brutas escalvadas Serras   *55*
Fazem as Pazes, dão calor às Guerras

[p. 14]   ## 8

Aqueles morros negros e fechados,
Que ocupam quase a Região dos ares,
São os que em edifícios respeitados
Repartem raios pelos crespos mares.   *60*
Os Coríntios palácios levantados,
Dóricos Templos, Jônicos altares,
São obras feitas desses lenhos duros,
Filhos desses Sertões feios e escuros.

23. Líamos inicialmente "seio de delícias", mas Barbosa o alterou em errata para "seio das delícias".

9

A c'roa d'oiro, que na testa brilha,   *65*
E o cetro, que empunha na mão justa
Do Augusto José a heroica filha,
Nossa Rainha Soberana Augusta,
E Lisboa de Europa maravilha,
Cuja riqueza a todo o mundo assusta,   *70*
Estas terras a fazem respeitada,
Bárbara terra, mas abençoada.

10

Esses homens de vários acidentes
Pardos e pretos, tintos e tostados,
São os escravos duros e valentes,   *75*
Aos penosos serviços costumados:
Eles mudam aos rios as correntes,
Rasgam as Serras, tendo sempre armados
Da pesada alavanca e duro malho
Os fortes braços feitos ao trabalho.   *80*

11

Por ventura, Senhores pôde tanto
O grande Herói, que a antiguidade aclama,
Porque aterrou a fera de Erimanto,
Venceu a Hidra com o ferro e chama?
Ou esse, a quem da tuba Grega o canto   *85*
Fez digno de imortal eterna fama?
Ou inda o Macedônico guerreiro,
Que soube subjugar o mundo inteiro?

[p. 15]
12

Eu só pondero, que essa força armada
Debaixo de acertados movimentos,   *90*
Foi sempre uma com outra disputada
Com fins correspondentes aos intentos,
Isto que tem co'a força disparada
Contra todo o poder dos elementos,
Que bate a forma da terrestre esfera   *95*
Apesar de uma vida a mais austera.

13

Se o justo e o útil pode tão somente
Ser acertado fim das ações nossas,
Quais se empregam, dizei, mais dignamente
As forças destes, ou as forças vossas?   *100*
Mandam a destruir a humana gente
Terríveis Legiões, armadas grossas;
Procurar o metal, que acode a tudo
É destes homens o cansado estudo:

14

São dignas de atenção... ia dizendo   *105*
A tempo que chegava o velho honrado,
Que o povo reverente vem benzendo
Do grande Pedro com o poder sagrado
E já o nosso Herói nos braços tendo,
O breve instante em que ficou calado,   *110*
De amor em ternas lágrimas desfeito
Estas vozes tirou do amante peito.

15

Filho, que assim te chamo, filho amado[24]
Bem que um Trono Real teu berço enlaça,
Porque foste por mim regenerado   *115*
Nas puras fontes de primeira Graça;
Deves o nascimento ao Pai honrado,
Mas eu de Cristo te alistei na Praça;
Estas mãos por favor de um Deus Superno
Te restauraram do poder do Inferno.   *120*

24. Barbosa substitui "assim te falo" por "assim te chamo" em errata.

[p. 16]

16

Amado filho meu, torna a meus braços,
Permita o Céu, que a governar prossigas,
Seguindo sempre de teu Pai os passos.
Honrando algumas Paternais fadigas
Não receio que encontres embaraços,   125
Por onde quer que o teu destino sigas,
Que ele pisou por todas estas terras
Matos, Rios, Sertões, Morros e Serras.

17

Valeroso, incansável, diligente
Do serviço Real, promoveu tudo   130
Já nos Países do Puri valente,
Já nos bosques do bruto Botocudo,
Sentiram todos sua mão prudente
Sempre debaixo de acertado estudo,
E quantos viram seu sereno rosto   135
Lhe obedeceram por amor, por gosto.

18

Assim confio o teu destino seja
Servindo a Pátria, e aumentando o Estado
Zelando a honra da Romana Igreja,
Exemplo ilustre de teus Pais herdado;   140
Permita o Céu, que eu felizmente veja
Quanto espero de ti desempenhado.
Assim contente acabarei meus dias,
Tu honrarás as minhas cinzas frias.

19

Acabou de falar o honrado velho,   145
Com lágrimas as vozes misturando;
Ouviu o nosso Herói o seu conselho
Novos projetos sobre os seus formando.
Propagar as doutrinas do Evangelho,
Ir aos patrícios seus civilizando,   150
Aumentar os Tesouros da Reinante,
São seus desvelos desde aquele instante.

PARNASO BRASILEIRO OU COLLECÇÃO DAS MELHORES POEZIAS...   203

[p. 17]   *20*

Feliz governo, queira o Céu sagrado
Que eu chegue a ver esse ditoso dia,
Em que nos torne o século dourado   *155*
Dos tempos de Rodrigo e de Maria;
Século, que será sempre lembrado
Nos instantes de gosto e de alegria,
Até os tempos, que o destino encerra
De governar José a Pátria terra.   *160*

[p. 17]   SONETO
                Pelo mesmo Autor, em uns Outeiros

                       MOTE
              Nomeia Vice-Deus ao Grande Augusto.

Nas asas do valor em Ácio vinha
Por Antônio a Vitória declarada,
Mas a sombra de Túlio não vingada   *3*
Posto os Deuses contra Antônio tinha.

       Fez que fugisse a bárbara Rainha
De falsas esperanças enganada,   *6*
E o criminoso Herói voltando a espada
No coração zeloso a embainha.

       O fatal estandarte a Guerra enrole[25],   *9*
Cesse entre Esposas e entre Mães o susto,
Descanse um pouco de Quirino a prole;

       Que Jove Eterno piedoso e justo,   *12*
Antes que Roma e Roma se desole,
Nomeia Vice-Deus ao Grande Augusto.

25. Barbosa substituiu "Grécia" por "Guerra" em errata.

[p. 18]

SONETO

Pelo mesmo Autor, ao Marquês de Lavradio, na fundação do Teatro do Rio de Janeiro, servindo de Prólogo à Tragédia — Mérope — traduzida do Italiano pelo Autor[26]

Se armada a Macedônia ao indo assoma.
E Augusto a sorte entrega ao imenso lago,
Se o grande Pedro errando incerto e vago   *3*
Bárbaros duros civiliza e doma:

    Grécia de Babilônia exemplos toma,
Aprende Augusto no inimigo estrago,   *6*
Ensina Pedro quem fundou Cartago
E as Leis de Atenas traz ao Lácio e Roma.

    Tudo mostra o Teatro, tudo encerra;   *9*
Nele a cega razão aviva os lumes
Nas artes, nas Ciências, e na guerra.

    E a vós, alto Senhor, que o Rei e os Numes   *12*
Deram por fundador à nossa terra,
Compete a nova escola dos costumes.

[p. 19]

SONETO

Do mesmo Autor

A mão, que aterra de Nemeu a garra,
Atreu, Aquiles, Sofonisba, e Fedra,
São assuntos da Lira, e nunca medra   *3*
Invejosa dos Cisnes a cigarra.

---

26. A partir da publicação do *Parnaso*, tornou-se famosa a afirmação de que Alvarenga teria traduzido a tragédia *Mérope*, de Scipione Maffei. Em minhas pesquisas arquivísticas, não consegui localizar nenhuma evidência da existência dessa tradução.

Tu onde o vento e o mar a fúria esbarra,
Sem chamas de rubim, facetas de hedra,   6
Imortal ficarás por mim, oh pedra,
Que ao longe apontas do teu Rio a barra[27].

Abrasando entre as chispas na bigorna   9
Malha Vulcano, e do trifauce perro
Brontes a Estígia caldeando entorna.

O grande Castro em bronze, d'oiro e ferro[28]   12
Por mão de um Deus a tua frente adorna,
Mais durarás do que o Cefás do Serro.

[p. 19]   SONETO
               Pelo mesmo Autor

Por mais que os alvos cornos curve a Lua
Roubando as luzes ao Autor do dia;
Por mais que Tétis na morada fria   3
Ostente a pompa da beleza sua;

Por mais que a linda Citereia nua
Nos mostre o prêmio da gentil porfia,   6
Entra no campo, Tu, bela Maria,
Entra no campo, que a vitória é tua.

Verás a Cíntia protestar o engano,   9
Verás Tétis sumir-se envergonhada
Pelas úmidas grutas do Oceano[29].

Vênus ceder-te o pomo namorada,   12
E sem Troia sentir o último dano,
Verás de Juno a cólera vingada.

27. Em errata, Barbosa substitui "mostras" por "apontas".
28. Inicialmente, o verso terminava com "em oiro, em ferro", mas Barbosa o corrige em errata para "d'oiro e ferro".
29. O verso se inicia com "Para as úmidas", mas Barbosa corrige em errata para "Pelas úmidas".

[p. 20]

SONETO

Do mesmo, nas Exéquias de El Rei D. José

Do claro Tejo à escura foz do Nilo,
E do bárbaro Araxe ao Tibre vago,
A fama, o susto, e o Marcial estrago,   3
Rompe a Fama os clarins em repeti-lo.

Mas não podem achar seguro asilo
Fora das margens do estígio lago   6
Os assombros de Roma e de Cartago,
Aníbal, Cipião, Fábio, e Camilo.

Os grandes ossos cobre a terra dura,   9
E a morte desenrola o negro manto
Sobre o Pio José na sepultura.

Injusta morte, sofre o nosso pranto,   12
Que ainda que és lei a toda a criatura[30],
Parece não devias poder tanto.

[p. 20]

SONETO

Do mesmo, ao Marquês de Lavradio

Honradas sombras dos maiores nossos,
Que estendestes a Lusa Monarquia,
Do torrado Equador à Zona fria,   3
Por incultos Sertões, por mares grossos;

Saí a ver os Sucessores vossos
Revestidos de gala e de alegria,   6
E nos prazeres do mais fausto dia
Dai vigor novo aos carcomidos ossos.

---

30. Em errata, Barbosa substitui "é" por "és".

Lá vem o grande Afonso, a testa erguendo   *9*
A ver Carvalho, em cujos fortes braços
Crescem os Netos, que lhe vão nascendo.

E o suspirado Almeida rompe os laços   *12*
Da fria morte, o Neto invicto vendo
Seguir tão perto de Carvalho os passos.

[p. 21]

SONETO
Do mesmo, aos anos de D. *Joana*

Nem fizera a discórdia o desatino,
Que urdiu funesta liga à gente humana,
Nem soberba a República Romana   *3*
Poria ao mundo inteiro um freio indigno.

Oh Ásia, Oh Grécia, Oh Roma, o teu destino
Fora feliz só com nascer Joana;   *6*
Respeitoso no peito a ação profana
Sufocaria o bárbaro Tarquínio.

Ela das Deusas três as graças goza,   *9*
Ela só os sublimes dons encerra[31]
De Rainha, de Sábia e de formosa.

Ah! se Joana então honrasse a terra!   *12*
Oh Esposa Romana, oh Grega Esposa,
Não fora a formosura a Mãe da guerra.

---

31. Barbosa corrige inteiramente esse verso, que inicialmente estava impresso como "E os dons sublimes ela só encerra".

[p. 34]   Tomo II
RETRATO
por Inácio José de Alvarenga

A Minha Anarda
Vou retratar,
Se a tanto a Arte
Puder chegar.
       Trazei-me, Amores,   *5*
       Quanto vos peço,
       Tudo careço
       Para a pintar.
       . . . .

Nos longos fios
Dos seus cabelos,   *10*
Ternos desvelos
Vão se enredar.
       Trazei-me, Amores,
       Das Minas d'oiro
       Rico tesoiro   *15*
       Para os pintar.
       . . . .

No rosto a idade
Da Primavera,
Na sua esfera
Se vê brilhar.   *20*
       Trazei-me, Amores,
       As mais viçosas
       Flores vistosas
       Para o pintar.
       . . . .

[p. 35]   Quem há que a testa   25
            Não ame e tema,
            De um diadema
            Digno lugar?
                    Trazei-me, Amores,
                    Da Selva Idália[32]   30
                    Jasmins de Itália
                    Para a pintar.

            . . . .

            A frente adornam
            Arcos perfeitos,
            Que de mil peitos   35
            Sabem triunfar.
                    Trazei-me, Amores,
                    Justos nivéis[33],
                    Sutis pincéis,
                    Para a pintar.   40

            . . . .

            A um doce aceno
            Setas a molhos
            Dos brandos olhos,
            Se veem voar
                    Trazei-me, Amores,   45
                    Do Sol os raios,
                    Fiéis ensaios
                    Para os pintar.

            . . . .

32. Inicialmente, estava grafado "Silva Idália", mas Barbosa corrige para "Selva Idália" em errata.

33. Neste caso, não modernizei a ortografia para "níveis", pois isso prejudicaria a rima da estrofe.

Nas lisas faces
Se vê a Aurora,   *50*
Quando colora
A terra e o mar.
     Trazei-me, Amores,
     As mais mimosas
     Pudicas rosas   *55*
     Para as pintar.

. . . .

[p. 36]   Os meigos risos
Com graças novas
Nas lindas covas
Vão se ajuntar   *60*
     Trazei-me, Amores,
     Os pincéis leves,
     As sombras breves
     Para os pintar.

. . . .

Vagos desejos   *65*
Da boca as brasas
As frágeis asas
Deixam queimar.
     Trazei-me, Amores,
     Corais subidos,   *70*
     Rubins polídos
     Para a pintar.

. . . .

Dentr'alvos dentes[34]
Postos em ala,
Suave fala   *75*
Perfuma o ar.
     Trazei-me, Amores,
     Nas conchas claras
     Pérolas raras
     Para os pintar.   *80*

. . . .

---

34. O verso era iniciado por "Entr'alvos", mas em errata Barbosa corrige para "Dentr'alvos".

O colo, Atlante
De tais assombros,
Airosos ombros
Corre a formar.
  Trazei-me, Amores,   *85*
  Jaspe a mãos cheias,
  De finas veias
  Para o pintar.

 . . . .

[p. 37] Do peito as ondas
São tempestades,   *90*
Onde as vontades
Vão naufragar.
  Trazei-me, Amores,
  Globos gelados,
  Limões nevados   *95*
  Para o pintar.

 . . . .

Mãos cristalinas,
Roliços braços,
Que doces laços,
Prometem dar.   *100*
  Trazei-me, Amores,
  As açucenas,
  Das mais pequenas
  Para as pintar.

 . . . .

A delicada   *105*
Gentil cintura,
Toda se apura
Em se estreitar.
  Trazei-me, Amores,
  Ânsias, que fervem,   *110*
  Só elas servem
  Para a pintar.

 . . . .

Pés delicados
Ferindo a terra,
Às almas guerra   *115*
Vêm declarar.

    Trazei-me, Amores,
    As setas prontas
    De duras pontas
    Para os pintar.   *120*

. . . .

[p. 38]   Porte de Deusa,
'Spírito nobre,
E o mais, que encobre
Fino avental.

    Só vós, Amores,   *125*
    Que as Graças nuas[35]
    Vedes, as suas
    Podeis pintar.

[p. 57]   Tomo IV
    SONETO
    por Alvarenga Peixoto[36]

Eu vi a linda Estela, e namorado
Fiz logo eterno voto de querê-la;
Mas vi depois a Nise, e é tão bela,   *3*
Que merece igualmente o meu cuidado.

    A qual escolherei, se neste estado
Não posso distinguir Nise de Estela?   *6*
Se Nise vir aqui, morro por ela;
Se Estela agora vir, fico abrasado.

---

35. Barbosa exclui, em errata, o ponto e vírgula que encerrava este verso.

36. Inicialmente, Barbosa havia atribuído o soneto a Manoel Inácio da Silva Alvarenga, mas corrigiu essa atribuição em errata.

Mas ah! Que aquela me despreza amante;   9
Pois sabe, que estou preso em outros braços,
E Esta não me quer por inconstante.

Vem, Cupido, soltar-me destes laços,   12
Ou faz de dois semblantes um semblante,
Ou divide o meu peito em dois pedaços.

[p. 57]   SONETO
Do mesmo

Não cedas, coração; pois nesta empresa
O brio só domina; o cego mando
Do ingrato amor seguir não deves, quando   3
Já não podes amar sem vil baixeza:

Rompa-se o forte laço, que é franqueza
Ceder a amor, o brio deslustrando;   6
Vença-te o brio pelo amor cortando,
Que é honra, que é valor, que é fortaleza:

Foge de ver Altea; mas se a vires[37],   9
Porque não venhas outra vez a amá-la,
Apaga o fogo, assim que o pressentires;

E se inda assim o teu valor se abala,   12
Não lh'o mostres no rosto; ah! Não suspires!
Calado geme, sofre, morre, estala.

---

37. Barbosa havia impresso "mais", porém corrigiu para "mas" em errata.

[p. 58]

SONETO
À Rainha D. Maria I
Pelo mesmo Autor

Expõe Tereza[38] acerbas mágoas cruas,
E à briosa Nação de furor tinta
Faz arrancar da generosa cinta   3
O reflexo de mil espadas nuas.

   Arrasta, e pisa as Otomanas Luas,
E por mais que Netuno o não consinta,   6
A Heroína do Norte[39] faz, que sinta
O peso o mar Egeu das quilhas suas.

   Seus nomes no áureo Templo a Fama ajunta;   9
Mas pintar seus estragos não se atreve,
Ao seu Danúbio, ao mar negro o pergunta:

   Lusitânia aos Céus muito mais deve: 12
Que a rege, como aos povos d'Amantuta,
Freio de rosas posto em mãos de neve.

[p. 59]

SONETO
À Mesma. Pelo mesmo Autor

A Paz, a doce Mãe das alegrias
O pranto, o luto, o dissabor desterra;
Faz que se esconda a criminosa guerra,   3
E traz ao mundo os venturosos dias:

   Desce, cumprindo eternas profecias,
A nova geração dos Céus à terra;   6
O claustro virginal se desencerra,
Nasce o filho de Deus, chega o Messias:

38. Maria Tereza de Alemanha (nota de Barbosa).
39. Catarina da Rússia (nota de Barbosa).

Busca um Presépio, cai no pobre feno 9
A mão onipotente, a quem não custa
Criar mil mundos ao primeiro aceno.

Bendita sejas, Lusitânia Augusta! 12
Cobre o mar, cobre a terra um Céu sereno,
Graças a ti, oh Grande, oh Sábia, oh Justa.

[p. 74] ## CONSELHOS DE ALVARENGA PEIXOTO, A SEUS FILHOS

I

Meninos, eu vou ditar
As regras do bem viver;
Não basta somente ler,
É preciso ponderar,
Que a lição não faz saber, 5
Quem faz sábios é o pensar.

II

Neste tormentoso mar
D'ondas de contradições,
Ninguém soletre feições,
Que sempre se há de enganar; 10
De caras a corações
Há muitas léguas, que andar.

III

Aplicai ao conversar
Todos os cinco sentidos,
Que as paredes têm ouvidos, 15
E também podem falar:
Há bichinhos escondidos,
Que só vivem de escutar.

IV

Quem quer males evitar
Evite-lhe a ocasião,   *20*
Que os males por si virão,
Sem ninguém os procurar;
E antes que ronque o trovão,
Manda a prudência ferrar.

[p. 75]
V

Não vos deixeis enganar   *25*
Por amigos, nem amigas;
Rapazes, e raparigas
Não sabem mais, que asnear;
As conversas, e as intrigas
Servem de precipitar.   *30*

VI

Sempre vos deveis guiar
Pelos antigos conselhos,
Que dizem que ratos velhos
Não há modo de os caçar:
Não batam ferros vermelhos,   *35*
Deixem um pouco esfriar.

VII

Se é tempo de professar
De taful o quarto voto,
Procurai capote roto
Pé de banco de um bilhar,   *40*
Que seja sábio piloto
Nas regras de calcular.

VIII

Se vos mandarem chamar
Para ver uma função,
Respondei sempre que não,   *45*
Que tendes em que cuidar:
Assim se entende o rifão
Quem está bem, deixa-se estar.

IX

Deveis-vos acautelar
Em jogos de paro e topo,   *50*
Prontos em passar o copo
Nas angolinas do azar:
Tais as fábulas de Esopo,
Que vós deveis estudar.

[p. 76]

X

Quem fala, escreve no ar,   *55*
Sem pôr vírgulas nem pontos,
E pode quem conta os contos,
Mil pontos acrescentar;
Fica um rebanho de tontos
Sem nenhum adivinhar.   *60*

XI

Com Deus, e o Rei não brincar,
É servir, e obedecer,
Amar por muito temer,
Mas temer por muito amar,
Santo temor de ofender   *65*
A quem se deve adorar!

XII

Até aqui pode bastar,
Mais havia que dizer;
Mas eu tenho que fazer,
Não me posso demorar,   *70*
E quem sabe discorrer
Pode o resto adivinhar.

Volume 2º – Caderno v[40] – 1831

SONETO[41]

Por Alvarenga Peixoto, no dia em que sua filha completava 7 anos

Amada filha, é já chegado o dia,
    Em que a luz da razão, qual tocha acesa,
    Vem conduzir a simples natureza,   *3*
    É hoje que o teu mundo principia.
A mão, que te gerou, teus passos guia,
    Despreza ofertas de uma vã beleza,   *6*
    E sacrifica as honras e a riqueza
    Às santas leis do Filho de Maria.
Estampa na tu'alma a Caridade,   *9*
    Que amar a Deus, amar aos semelhantes
    São eternos preceitos da verdade;
Tudo o mais são ideias delirantes,   *12*
    Procura ser feliz na eternidade
    Que o mundo são brevíssimos instantes.

---

40. Barbosa às vezes anota as partes de sua publicação como "tomo" e outras como "caderno". No total, são oito partes, divididas em dois volumes.

41. Este soneto está na segunda metade da página 41, tendo sido antecedido por um soneto atribuído a Luiz Paulino da Bahia (trata-se de Luís Paulino de Oliveira Pinto da França, militar luso-brasileiro que viveu entre o último quartel do século XVIII e o primeiro do XIX) a um retrato de D. Afonso Henriques, na ocasião da rendição dos portugueses em Coimbra ao general bonapartista Jean-Andoche Junot.

8

Miscelânea Poética ou Coleção de Poesias Diversas de Autores Escolhidos

Os dois poemas publicados por Elias Matos nesta coletânea são bastante conhecidos no *corpus* atribuído a Alvarenga Peixoto. O primeiro deles teria sido escrito pelo poeta já em seu cárcere, na Ilha das Cobras, e está presente em duas fontes manuscritas, o Ms. 7008 da Biblioteca Nacional de Portugal e o Ms. 542 do Fundo Manizola, na Biblioteca e Arquivo Municipal de Évora. O segundo, que Elias Matos indica que também teria sido produzido no cárcere, é um poema em homenagem a Bárbara Heliodora e não tem qualquer fonte manuscrita conhecida. Por mais que buscasse, não pude encontrá-lo em qualquer escrito anterior à antologia de Elias Matos.

Lapa se vale de alguns argumentos biográficos e de uma análise psicológica um tanto superficial para dizer que o famoso poema que se inicia por "Bárbara bela, / Do norte estrela" não poderia ter sido composto durante os anos de cárcere porque faz menção apenas a uma filha, Maria Ifigênia, e não aos outros filhos do casal. Há dois erros no raciocínio. O primeiro, e mais grave, é supor que a poesia é um reflexo do estado psicológico de seu autor que, sentindo saudades de toda a família, não omitiria alguns de seus filhos na composição poética. A poesia é um artifício e, portanto, não reflete necessariamente o que seu autor sente ou deseja. O segundo erro é supor aprioristicamente que ele sentisse efetivamente falta de todos os seus filhos. Os relatos das testemunhas questionadas na Devassa da Inconfidência Mineira deixam bastante clara uma predileção do casal pela filha, Maria Ifigênia. Seja como for, não há elementos para afirmarmos que o poema não pode ter sido escrito no cárcere. Dado que os outros poemas que foram escritos no cárcere têm constantemente o *topos* da saudade da família reiterado, não vejo qualquer motivo para não dar credibilidade à didascália de Elias Matos.

Sobre o primeiro poema, o elenco das torturas feito pelo poeta pinta uma cena bastante sinistra do que seria a prisão na Ilha das Cobras. O cárcere ainda existe, agora como peça de museu, com celas bastante similares às utilizadas à época. A representação feita por Alvarenga não é nada exagerada. A umidade, que ainda escorre das paredes mesmo depois de muitas reformas para controlá-la, deixa o ar quase irrespirável. Para além das torturas que provavelmente foram praticadas pelos carcereiros, estar naquele ambiente seria, por si só, uma experiência suficientemente sinistra. Alvarenga usa esse elemento biográfico como base para a sua amplificação poética das saudades de sua esposa e filhos.

[p. 71]   SONETO

> Eu não lastimo o próximo perigo,
> Uma escura prisão estreita, e forte,
> Lastimo os caros filhos, a consorte;   3
> A perda irreparável de um amigo:
>
> A prisão não lastimo, outra vez digo,
> Nem o ver eminente o duro corte;   6
> É ventura também achar a morte
> Quando a vida só serve de castigo.
>
> Ah! quão depressa então acabar vira   9
> Este enredo, este sonho, esta quimera,
> Que passa por verdade, e é mentira!
>
> Se filhos, e consorte não tivera,   12
> E do amigo as virtudes possuíra,
> Um momento de vida eu não quisera.

Parece de Inácio José de Alvarenga

DE INÁCIO JOSÉ DE ALVARENGA,
ESTANDO PRESO, À SUA MULHER

[p. 146]

Bárbara bela
Do norte estrela
Que o meu destino
Sabes guiar.
De ti ausente   5
Triste somente
As horas passo
A suspirar.
    Isto é castigo
    Que amor me dá.   10

Por entre as penhas
De incultas brenhas
Cansa-me a vista
De te buscar.
Porém não vejo   15
Mais que o desejo
Sem esperança
De te encontrar.
    Isto é castigo
    Que amor me dá.   20

Eu bem queria
A noite e o dia
Sempre contigo
Poder passar.

[p. 147]

Mas orgulhosa   25
Sorte invejosa
Desta fortuna
Me quer privar.
    Isto é castigo
    Que amor me dá.   30

Tu entre os braços
Ternos abraços
Da filha amada
Podes gozar.
Priva-me a estrela   35
De ti e dela;
Busca dois modos
De me matar.
    Isto é castigo
    Que amor me dá.   40

9

Obras Poéticas de Inácio José de Alvarenga Peixoto
Editadas por Joaquim Norberto de
Souza e Silva

Aqui, encontram-se dois sonetos que, para a minha frustração, não consegui acessar em fontes primárias. O primeiro, dedicado ao Marquês do Lavradio, havia sido localizado por Lapa no espólio particular de seus herdeiros, em uma coletânea manuscrita intitulada *Coroa Poética à Morte do 2º Marquês de Lavradio, Exposta por Ocasião das Exéquias que lhe Fizeram no Rio, em Agosto de 1790.* Tentei muitas vezes contatar os herdeiros da família, mas infelizmente não obtive qualquer resposta. Portanto, a única saída foi valer-me da edição de Norberto como a fonte primária. Decidi incluir em notas as variantes encontradas em Lapa, para que o leitor tenha acesso às duas versões simultaneamente. O segundo soneto também foi impresso a partir da edição de Norberto.

Tratam-se de dois sonetos encomiásticos, bastante típicos da poética que encontramos ao ler o *corpus* atribuído a Alvarenga Peixoto. O primeiro soneto foi editado por Norberto a partir da colaboração de seu amigo Carlos Augusto de Sá[1]. Ao que tudo indica, Joaquim Norberto gostava bastante desse soneto, pois o utilizou como epígrafe de sua edição das obras de Alvarenga Peixoto, da seguinte forma: "Breve a vida lhe foi, mas... ... ... / O seu nome imortal............. / Será sempre saudoso à pátria e ao mundo!"[2], fazendo com que os versos passassem a se referir a Alvarenga Peixoto, em vez de ao Marquês do Lavradio.

O segundo soneto elenca uma série de obras públicas feitas sob o governo de D. Luís de Vasconcelos e Souza, que foi vice-rei do Brasil. Encontram-se elencados o Passeio Público, o cais do Largo do Carmo e o Chafariz de Mestre Valentim que foram construídos na atual Praça XV de

---

1. Joaquim Norberto de Souza e Silva, *Obras Poéticas de Inácio José de Alvarenga Peixoto...*, p. 191.
2. *Idem*, p. 171.

Novembro. Essa praça, até meados da década de 1770 era o principal lugar de desembarque de escravizados africanos no Rio de Janeiro. Norberto propõe que o soneto tivesse sido feito ao vice-rei em alguma visita que lhe tivesse feito no Rio de Janeiro; Lapa aponta que a última vez que Alvarenga o teria visitado fora em 1788. Sendo essa informação correta, o soneto deve necessariamente ser posterior a isso, já que o Chafariz de Mestre Valentim foi inaugurado em 1789. É mais provável, como Lapa sugere, que o soneto tenha sido escrito no cárcere como uma tentativa de agradar ao vice-rei e conseguir seu apoio no pedido de clemência à rainha D. Maria I.

[p. 191]

IX

À MORTE DO MESMO MARQUÊS[3]

. . . .

Quão mal se mede dos heróis a vida[4]
Pela série dos anos apressados!
Muito vive o que emprega os seus cuidados *3*
Em ganhar nome e fama esclarecida.

Em vão, dobrando os passos atrevida,
Chega a morte cruel, e os negros fados, *6*
Que vivem por a glória ter gravados[5]
Seus dias sobre esfera mais luzida.

[p. 192]

Jaz o ilustre marquês!... As tristes dores[6] *9*
Espalham com o respeito mais profundo[7]
Na fria urna estas piedosas flores:

"Breve a vida lhe foi; mas sem segundo *12*
O seu nome imortal entre os maiores
Será sempre saudoso à pátria e ao mundo".

---

  3. Refere-se ao Marquês de Lavradio.
  4. Lapa edita "Que", em vez de "Quão" ao início deste verso.
  5. Em Lapa, lemos "Quem viveu" em vez de "Que vivem".
  6. Lapa edita "Dores", com inicial maiúscula.
  7. Em Lapa, lemos "Espalharam", em vez de "Espalham".

[p. 193]

X

A LUÍS DE VASCONCELOS E SOUZA
VICE-REI DO ESTADO DO BRASIL

. . . .

De meio corpo nu sobre a bigorna
Os ferros malhe o imortal Vulcano,
Que hão de ir contar ao derradeiro ano
O nome de um herói que a pátria adorna.

3

Suntuoso passeio[8] em parte a orna;
Vistoso cais[9] enfreia o Oceano;
E na praça um colosso[10] altivo e ufano
As frescas águas pelo povo entorna.

6

[p. 194] Estas, grande senhor, memórias vossas,
Que ficam na cidade[11] eternizadas,
Também o ficam nas memórias nossas.

9

E as línguas por Vulcano temperadas,
Hão de entranhar em duras pedras grossas
De vosso nome as letras respeitadas.

12

8. O passeio público do Rio de Janeiro, construído sobre um pântano, que empestava os arredores (nota de Joaquim Norberto).

9. O cais do largo do Carmo, hoje largo do Paço (nota de Joaquim Norberto).

10. O chafariz que adorna o largo do Paço (nota de Joaquim Norberto).

11. Cidade do Rio de Janeiro, em cujo aformoseamento se desvelaram os vice-reis conde de Bobadela, marquês de Lavradio e Luiz de Vasconcellos e Souza. Sem dúvida foi este soneto feito por ocasião em que o autor viera ao Rio de Janeiro cumprimentar o vice-rei, que tão digna hospedagem lhe preparou depois nas masmorras da fortaleza da Ilha das Cobras (nota de Joaquim Norberto).

Nota Biográfica sobre Alvarenga Peixoto

Nasceu na cidade do Rio de Janeiro, provavelmente em 1744. Há alguma controvérsia sobre onde teria feito seus estudos iniciais, mas a hipótese mais arrazoada é que tenha se mudado para Braga, em Portugal, ainda muito pequeno e tivesse sido criado ali, assim como sua irmã, Ana Bárbara Joaquina, que posteriormente se tornaria freira no convento de Braga. De lá, partiu em 1760 para a Universidade de Coimbra, onde cursou Leis até 1766, com interrupção entre outubro de 1761 e outubro de 1763, quando veio ao Brasil visitar a família com o tio de Tomás Antônio Gonzaga, Feliciano Gomes Neves. Em 1767, obteve o título de doutor em Leis e chegou a ser responsável pela cadeira de *Instituta* na Universidade de Coimbra por pouco tempo. Em fins de 1768, já estava autorizado a exercer a magistratura e no ano seguinte passou a ser Desembargador em Sintra por três anos. Desde seus anos na Universidade de Coimbra, Alvarenga Peixoto tinha contatos constantes com capitalistas que lhe emprestavam dinheiro para os mais variados fins. Essas relações levam o grupo de João Rodrigues de Macedo, um dos credores mais frequentes do poeta, a arrematar o cargo de Ouvidor do Rio das Mortes para Alvarenga. Em 11 de março de 1775, Alvarenga Peixoto é oficialmente nomeado Ouvidor do Rio das Mortes e retorna ao Brasil. Entre 1776 e 1777, Alvarenga é incumbido de aprontar os mantimentos para as tropas que o governador das Minas enviaria para lutar contra os espanhóis no sul da colônia. Alvarenga mobiliza os comerciantes locais e compra uma grande quantidade de mantimentos para as tropas. Embora o governo tenha repassado o dinheiro para que os comerciantes fossem pagos, esse dinheiro jamais chegou às suas mãos. Alvarenga Peixoto o desviou para quitar algumas de suas dívidas com seus credores, o que fez com que os comerciantes fizessem uma "Queixa Geral dos Povos" contra o Ouvidor. Alvarenga não apenas não foi punido (nem sequer investigado seriamente), mas, alguns anos mais tarde, em junho de 1785, foi nomeado coronel do

1º regimento de cavalaria da Campanha do Rio Verde pelo governador de Minas. A partir de então, passa a assinar seus documentos como Coronel Alvarenga, deixando de lado o seu título de doutor. Em 1779, gerou-se um enorme escândalo na cidade devido ao nascimento de sua primeira filha, Maria Ifigênia, com Bárbara Heliodora, visto que ainda não eram casados. O escândalo só se resolveu quando o bispo de Mariana visitou o Rio das Mortes em 1781 e celebrou seu casamento em 22 de dezembro. O casal teve quatro filhos e viveu uma vida de fazendeiros escravocratas até o início do processo de investigação da Inconfidência Mineira. Alvarenga foi um dos líderes dos planos da revolta e, junto com seus amigos Tomás Antônio Gonzaga e Cláudio Manuel da Costa, escrevia as leis da nova República que queriam instaurar no Brasil, ao molde das leis da recentemente libertada América Inglesa. Em 20 de maio de 1789, foi preso em sua casa e enviado ao cárcere da Ilha das Cobras, no Rio de Janeiro, onde ficou até 1792, quando foi degredado para Angola. Alvarenga morreu em 27 de agosto de 1782 de uma doença tropical contraída no exílio. Durante toda a sua vida, Alvarenga Peixoto se valeu da administração colonial para que pudesse contrair enormes dívidas e jamais quitá-las, vivendo simultaneamente como um homem muitíssimo rico e com dívidas exorbitantes com diversos credores que usavam a sua influência política para obter vantagens indevidas da máquina pública. Enquanto Ouvidor, foi notoriamente corrupto. Foi um bom poeta em sua época, e o pouco que conhecemos de sua poesia dispersa nos arquivos públicos e privados nos permite ter acesso a diversas facetas do que foi a poética cultural do século XVIII luso-brasileiro.

Agradecimentos

A João Adolfo Hansen, pela orientação amiga de uma década e pela ousadia de pensar em português.

A Gustavo Rubim, por supervisionar minha pesquisa arquivística em Portugal. Também a Anabela Gonçalves, Carolina Vilardouro e toda a equipe do Instituto de Estudos de Literatura e Tradição pela recepção e apoio constantes durante esse período na Universidade Nova de Lisboa.

A Adma Muhana, Alcir Pécora, Alexandre Hasegawa, Cilaine Alves Cunha, Jaime Ginzburg, Joaci Pereira Furtado, Marcelo Lachat e Maria Augusta da Costa Vieira pelas arguições nas bancas dos projetos de pesquisa que resultaram neste livro.

A Isabela Assunção de Oliveira Andrade, Jacob Matheus de Mattos e Alves e Rogério de Oliveira Bernardo, pelas amizades que venceram o tempo.

A Andressa M. Gonçalez, Bruno Carvalho, Dario Trevisan de Almeida, Estela Izeppe, Fernanda Corrêa, Giovana Bardi, Jean Pierre Chauvin, Josiah Blackmore, Júlio Henrique Hiroyuki Fuji, Katarina Jukic, Kenneth Maxwell, Leonardo Zuccaro, Lilian Jacoto, Lucas Bento Pugliesi, Luiz Melques, Marcello Moreira, Márcia Bassetto Paes, Marcos Natali, Mariana Agostinho, Mariano Siskind, Marta Maria Chagas de Carvalho, Matheus Guménin Barreto, Nicole Guim, Paulo Martins, Paulo Roberto Gonçalves Segundo, Rafael Rocca, Raquel Parrine, Renato Razzino, Rosely de Fátima Silva, Tamara Drnovšek, Ute Hermanns e Vera Mendes, pelo apoio amigo durante vários momentos desta pesquisa e da produção deste livro.

Aos funcionários das diversas bibliotecas e arquivos públicos brasileiros e portugueses onde desenvolvi a pesquisa arquivística que resultou neste livro.

À Coordenação de Aperfeiçoamento de Pessoal de Nível Superior (Capes) e à Fundação de Amparo à Pesquisa no Estado de São Paulo (Fapesp) pelo financiamento dos projetos de pesquisa (2015/21975-5; 2017/26266-0; e 2018/07062-5) que resultaram neste livro.

Ao Brazil Office do David Rockefeller Center for Latin American Studies (DRCLAS) da Harvard University por tornar possível a publicação deste livro.

Referências Bibliográficas[1]

DOCUMENTOS CONSULTADOS EM ARQUIVOS

BIBLIOTECA BRASILIANA GITA E JOSÉ MINDLIN. *Flores do Parnaso ou Colecção de Obras Poeticas de Differentes Auctores Junctas pelo Cuidado de I...N...T..M...* 5 vols. (Cotas: rbm0811, rbm0812, rbm0813, rbm0814, rbm0815).

ARQUIVO NACIONAL DO RIO DE JANEIRO. *Autos da Devassa da Inconfidência Mineira.* 10 vols. 2 tomos. (Localização: Fundo: Diversos – sdh – Códices (np) / Notação: Código 5;Volumes 1 a 10).

BIBLIOTECA NACIONAL DO RIO DE JANEIRO. Ms. I-7, 16, 44.

BIBLIOTECA NACIONAL DE PORTUGAL. Ms. 8610; Ms. 7008; Ms. 226 nº 2; F. 4699; f. 4825; Cod. 10668 – microfilmado como fr. 1246; Cod. 8793 – microfilmado como f. 3098; Cod. 10894 – microfilmado como f. 4780; Cod. 3786 – microfilmado como fr. 198; Cod. 3106 – microfilmado como fr. 728; Cod. 3578 – microfilmado como fr. 1017; Cod. 4946; Cod. 1566 – microfilmado como f. 7518; Cod. 2 – microfilmado como f. 5771; Cod. 8058 – microfilmado como f. 2876; Cod. 682 – microfilmado como f. 279.

BIBLIOTECA DA AJUDA. 49-III-68; 49-III-54 nº 01; 49-III-54 nº 54; 49-III-52; 54-IV-34; 51-XIII-23.

ARQUIVO NACIONAL DA TORRE DO TOMBO. Livro Geral de Mercês de D. José I, vol. 28.

BIBLIOTECA GERAL E ARQUIVO DA UNIVERSIDADE DE COIMBRA. Ms. 2814; Ms. 1521; Ms. 1152; Actos 100; Actos 101; Livros de matrícula 1760-1761, 1761-1762, 1762--1763, 1763-1764, 1764-1765 e 1765-1766; Leis Cx. 105.

---

1. Este livro é o resultado das pesquisas que venho desenvolvendo desde 2015 sobre Alvarenga Peixoto e a poética do século XVIII luso-brasileiro. Muitas das referências elencadas aqui não são citadas diretamente em meu texto introdutório ou na nota biográfica, mas ainda assim as elenco porque elas foram parte relevante – direta ou indiretamente – do processo que me levou aos resultados apresentados aqui. Elas foram, efetivamente, referências às quais eu me dirigia em momentos de dúvidas para tentar entender algumas partes dos vários problemas que a poesia atribuída a Alvarenga Peixoto me impôs. Também vão elencados os textos que produzi sobre o caso de Alvarenga Peixoto e que, direta ou indiretamente, estão presentes neste livro.

BIBLIOTECA MUNICIPAL DO PORTO. Ms. 1129; Ms. FA7; Ms. 679-A; Ms. FA22 (tomos 1 e 2); Ms. 1152; Ms.1053; Ms. 705; Ms. 607; Ms. 671.

BIBLIOTECA E ARQUIVO DISTRITAL DE ÉVORA. Cod. 542; Cod. 02 nº 15; Cod. 30 nºs 11 e 13; Cod. 34 nº 14; Cod. 35 nºs 1 e 4; Cod. 39 nºs 2 e 6; Cod. 40 nºs 3 e 4; Cod. 41 nºs 3,14 e 15.

BIBLIOTECA PÚBLICA DE BRAGA. Ms. 389; Ms. 390; Ms. 391; Ms. 393; Ms. 869; Ms. 773; Ms. 638; Ms. 582; Ms. 527; Ms. 96; Ms. 373; Ms. 531; Ms. 622; Ms. 669; Ms. 639.

BIBLIOGRAFIA

AFTÔNIO. "The Preliminary Exercises of Aphtonius the Sophist". *In*: KENNEDY, G. A. *Progymnasmata: Greek Textbooks of Prose Composition and Rhetoric.* Atlanta, Society of Biblical Literature, 2003, pp. 89-128.

ARISTÓTELES. *Poética*. Tradução, Prefácio, Introdução, Comentário e Apêndices de Eudoro de Souza. Rio de Janeiro, Imprensa Nacional-Casa da Moeda, 1986.

_____. *Retórica*. Tradução e Notas de Manuel Alexandre Júnior, Paulo Farmhouse Alberto e Abel do Nascimento Pena. Lisboa, Imprensa Nacional-Casa da Moeda, 2005.

BAPTISTA, Abel Barros. "O Cânone como Formação: A Teoria da Literatura Brasileira de Antonio Candido". *O Livro Agreste*. Campinas, Editora da Unicamp, 2005, pp. 41-80.

[BARBOSA, Domingos Caldas]. *Almanak das Musas, Offerecido ao Genio Portuguez*. 4 partes. Lisboa, Oficinas de Filippe José da França, Antônio Gomes, João Antônio da Silva, 1793-1794.

BARBOSA, Domingos Caldas. *A Doença*. Organização, apresentação e notas de Lúcia Helena Costigan e Fernando Morato. São Paulo, Editora 34, 2018.

BARBOSA, Januário da Cunha. *Parnaso Brasileiro ou Collecção das Melhores Poezias dos Poetas do Brasil, Tanto Ineditas, como Ja Impressas*. Rio de Janeiro, Typografia Imperial e Nacional, 1829-1832.

BARTHES, Roland. "A Morte do Autor". *O Rumor da Língua*. São Paulo, Brasiliense, 1988, pp. 65-70.

BENJAMIN, Walter. "A Obra de Arte na Era de sua Reprodutibilidade Técnica: Primeira Versão". *Magia e Técnica, Arte e Política: Ensaios sobre Literatura e História da Cultura*. São Paulo, Brasiliense, 1986, pp. 165-196 (Obras Escolhidas, 1).

BLUTEAU, Raphael. *Vocabulario Portuguez e Latino etc.* Coimbra, Collegio das Artes da Companhia de JESU, 1712-1727, 10 vols.

BOSI, Alfredo. *História Concisa da Literatura Brasileira*. 44. ed. São Paulo, Cultrix, 2007.

CANDIDO, Antonio. *Formação da Literatura Brasileira: Momentos Decisivos. 1750-1880*. 13. ed. Rio de Janeiro, Ouro sobre Azul, 2012.

REFERÊNCIAS BIBLIOGRÁFICAS

CARDOSO, Wilton. "Aspectos Barrocos da Lírica de Alvarenga Peixoto". *Seminário Sobre a Poesia Mineira: Período Colonial*. Belo Horizonte, Conselho Estadual de Cultura de Minas Gerais, 1984.

CARVALHO, Antônio Lobo de. *Poesias Joviaes e Satyricas de Antonio Lobo de Carvalho. Colligidas e Pela Primeira Vez impressas*. Cadix, [s.ed.], 1852.

CARVALHO, Ronald de. *Pequena História da Literatura Brasileira*. Prefácio de Medeiros e Albuquerque. Belo Horizonte, INL, 1984 (1. ed. 1919).

CASTRO, Aníbal Pinto de. *Retórica e Teorização Literária em Portugal: Do Humanismo ao Neoclassicismo*. Lisboa, Imprensa Nacional-Casa da Moeda, 2008.

CHARTIER, Roger. "Trabajar con Foucault: Esbozo de una Genealogía de la 'Función- -Autor'". *Signos Históricos*, n. 1, pp. 11-27, 1999.

CIDADE, Hernani. *Lições de Cultura e Literatura Portuguesas*, vol. 2. Coimbra, Coimbra Editora, 1975.

CODORNIU, Antonio. *Desagravio de los Autores y Facultades que Ofende el Barbadiño en su Obra: Verdadero Methodo de Estudiar, &c. Segun La Traduccion Castellana Del Todo Conforme al Original Portugues*. Barcelona, Imprenta de Maria Angela Marti, 1764.

COMPENDIO Histórico do Estado da Universidade de Coimbra no Tempo da Invasão dos Denominados Jesuitas e dos Estragos Feitos nas Sciencias e nos Professores, e Directores que a Regiam pelas Maquinações, e Publicações dos Novos Estatutos por elles Fabricados. Lisboa, Regia Officina Typografica, 1772.

DE GRAZIA, Margreta & STALLYBRASS, Peter. "The Materiality of the Shakespearean Text". *Shakespeare Quarterly*, n. 44, vol. 3, pp. 255-283, 1993.

FOUCAULT, Michel. *O Que É um Autor?* Lisboa, Vega, 1992.

FREIRE, Francisco José [Cândido Lusitano]. *Arte Poetica, ou Regras da Verdadeira Poesia em Geral, e de Todas as suas Especies Principaes, Tratadas com Juizo Critico*. 2. ed. Lisboa, Oficina Patriarcal de Francisco Luiz Ameno, 1759, 2 t.

_____. *Arte Poetica de Q. Horacio Flacco, Traduzida, e illustrada em Portuguez por Candido Lusitano*. 2. ed. Lisboa, Oficina Rollandiana, 1778.

GALLO, Ernest. "Matthew of Vendôme: Introductory Treatise on the Art of Poetry". *Proceedings of the American Philosophical Society*, vol. 118, n. 1, pp. 51-92, 1974.

GAMA, José Basílio da. *O Uraguay*. Lisboa, Régia Oficina Tipográfica, 1769.

GINZBURG, Jaime. *Crítica em Tempos de Violência*. São Paulo, Edusp, 2012.

HANSEN, João Adolfo. "Autor". *In*: JOBIM, J. L. (org.). *Palavras da Crítica: Tendências e Conceitos no Estudo da Literatura*. Rio de Janeiro, Imago Editora, 1992, pp. 11-44.

_____. "Retórica da Agudeza". *Letras Clássicas*, n. 4, pp. 139-181, 2000.

_____. *A Sátira e o Engenho: Gregório de Matos e a Bahia do Século XVII*. Cotia/SP, Ateliê Editorial, 2004.

_____. "Categorias Epidíticas da *Ekphrasis*". *Revista USP*, n. 17, pp. 85-105, 2006.

_____. "Ilustração Católica, Pastoral Árcade & Civilização". *In*: KOHUT, K. & ROSE, S. V. (ed.). *La Formación de la Cultura Virreinal III: El Siglo XVIII*. Madrid/Frankfurt am Main, Iberoamericana-Vervuet, 2006, pp. 487-520.

_____. & MOREIRA, Marcello. *Poesia Atribuída a Gregório de Matos e Guerra: Códice Asensio-Cunha.* Belo Horizonte, Autêntica, 2013, 5 vols.

_____.; MOREIRA, Marcello & SOUZA, Caio Cesar Esteves de. "Nota sobre a 'Sátira Geral a Todo o Reino, e Governo de Portugal'". *Teresa*, n. 17, pp. 167-190, 2016. Disponível em: http://www.revistas.usp.br/teresa/article/view/123343.

KOSSOVITCH, Leon. "Tradição Clássica". *Desígnio. Revista de História da Arquitetura e do Urbanismo*, n. 5, pp. 15-21, mar. 2006.

LAPA, Manuel Rodrigues. *Vida e Obra de Alvarenga Peixoto.* Rio de Janeiro, Instituto Nacional do Livro, 1960.

LEÃO, Desidério Marques. *Jornal Poético ou Collecção das Melhores Composições, em Todo o Gênero, dos Mais Insignes Poetas Portuguezes*, n. 1. Lisboa, Impressão Régia, 1812.

LEBRUN, Gérard. "A Mutação da Obra de Arte". *A Filosofia e sua História.* São Paulo, Cosac Naify, 2006, pp. 327-340.

LUZÁN, Ignacio de. *La Poetica, o Reglas de la Poesia en General, y de sus Principales Especies.* Zaragoza, Francisco Revilla, 1737.

MALARD, Letícia. "As Louvações de Alvarenga Peixoto". *In*: PROENÇA FILHO, D. *A Poesia dos Inconfidentes: Poesia Completa de Cláudio Manuel da Costa, Tomás Antônio Gonzaga e Alvarenga Peixoto.* Rio de Janeiro, Nova Aguilar, 2002, pp. 941-956.

MATOS, Elias. *Miscelânea Poética ou Coleção de Poesias Diversas de Autores Escolhidos.* Rio de Janeiro, [s.ed.], 1853.

MAXWELL, Kenneth. *A Devassa da Devassa. A Inconfidência Mineira: Brasil e Portugal 1750-1808.* 5. ed. São Paulo, Paz e Terra, 2001.

_____. (coord.). *O Livro de Tiradentes: Transmissão Atlântica de Ideias Políticas no Século XVIII.* São Paulo, Penguin & Companhia das Letras, 2013.

MELLO, Francisco de Pina e. *Theatro da Eloquencia, ou Arte de Rhetorica, Fundada nos Preceitos dos Melhores Oradores Gregos, e Latinos.* Lisboa, Oficina de Francisco Borges de Sousa, 1766.

MENEZES, Bento Rodrigo Pereira de Soto-Maior e. *Compendio Rhetorico, ou Arte Completa de Rhetorica com Methodo Facil, para Toda a Pessoa Curioza, Sem Frequentar as Aulas, Saber a Arte da Eloquencia: Toda Composta das Mais Sabias Doutrinas dos Melhores Autores, que Escrevêrão desta Importante Sciencia de Falar Bem.* Lisboa, Oficina de Simão Thaddeo Ferreira, 1794.

MISCELLANEA Curiosa, e Proveitosa, ou Compilação, Tirada das melhores Obras das Nações Estrangeiras: Traduzida, e ordenada por *** c. i., vol. VII. Lisboa, Typografia Rollandiana, 1785.

MOREIRA, Marcello. *Critica Textualis in Caelum Revocata? Uma Proposta de Edição e Estudo da Tradição de Gregório de Matos e Guerra.* São Paulo, Edusp, 2011.

_____. "Caramurus da Bahia: A Tópica *Natio* e Procedimentos Descritivos na Composição de Retratos Satíricos do *Corpus* Poético Atribuído a Gregório de Matos e Guerra". *Revista Contexto,* n. 22, pp. 293-354, 2012.

MOURATO, Carlos Joseph. *Instrumento da Verdade Practica, Ethica ou Philosophia Moral.* Lisboa, Oficina Luisiana, 1768.

MURATORI, Ludovico Antonio. *Della Perfetta Poesia Italiana. Spiegata, e Dimostrata con Varie Osservazioni.* Modena, Stampa di Bartolomeo Soliani, 1706.

O *PATRIOTA: Jornal Literario, Politico, Mercantil &C.* Rio de Janeiro, 1813, vol. 1.

ORIGEM *Infecta da Relaxação da Moral dos Denominados Jesuítas: Manifesto Dolo, com que a Deduzíram da Ethica, e da Metafysica de Aristoteles: E Obstinação, com que, ao Favor dos sofismas de sua Logica, a Sustentáram em Commum Prejuizo: Fazendo Prevalecer as Impiedades daquele Filosofo, Falto de Todo o Conhecimento de Deos, e da Vida Futura, e Eterna, etc.* Lisboa, Régia Officina Typografica, 1771.

ORLANDI, Eni Puccinelli. *As Formas do Silêncio: No Movimento dos Sentidos.* 5. ed. Campinas, Editora da Unicamp, 2002.

PEREIRA, Antonio. *Elementos da Invençam, e Locuçam Retorica, ou Principios da Eloquencia.* Lisboa, Oficina Patriarcal de Francisco Luiz Ameno, 1759.

PROENÇA FILHO, Domício (org.). *A Poesia dos Inconfidentes: Poesia Completa de Cláudio Manuel da Costa, Tomás Antônio Gonzaga e Alvarenga Peixoto.* Rio de Janeiro, Nova Aguilar, 2002.

QUINTILIANO. *Instituição Oratória.* Tradução, apresentação e notas de Bruno Fregni Bassetto. Campinas, Editora da Unicamp, 2015, 4 vols.

RANCIÈRE, Jacques. "O Dissenso". *In*: NOVAES, Adauto (org.). *A Crise da Razão.* São Paulo, Companhia das Letras, 1996.

RODRIGUES, André Figueiredo. "Conflitos no Sul do Brasil e Queixa Pública Contra Alvarenga Peixoto (São João del-Rei, Minas Gerais, 1776-1780)". *História Unisinos,* n. 18, vol. 3, pp. 615-623, 2014.

ROMERO, Sílvio. *Historia da Litteratura Brasileira.* Rio de Janeiro, Garnier, 1888.

SILVA, Domingos de Carvalho da. *Obras Poéticas de Inácio José de Alvarenga Peixoto.* São Paulo, Clube de Poesia, 1956.

SILVA, João Manuel Pereira da. *Parnaso Brasileiro ou Selecção de Poesias dos Melhores Poetas Brazileiros Desde o Descobrimento do Brasil.* Rio de Janeiro, Eduardo e Henrique Laemmert, 1843.

_____. *Plutarco Brasileiro.* Rio de Janeiro, Eduardo e Henrique Laemmert, 1847.

SILVA, Joaquim Norberto de Souza e. *Obras Poeticas de Ignacio José de Alvarenga Peixoto Colligidas, Annotadas, Precedidas do Juizo Critico dos Escriptores Nacionaes e Estrangeiros e de uma Noticia Sobre o Autor e Suas Obras com Documentos Historicos.* Rio de Janeiro, Garnier, 1865.

SMOLLET, Tobias. *The Present State of All Nations, Containing a Geographical, Natural, Commercial and Political History of All the Countries in the Known World.* London, [s.ed.], 1769, vol. 8.

Souza, Caio Cesar Esteves de. *Alvarenga Peixoto e(m) Seu Tempo*. Dissertação (Mestrado). Faculdade de Filosofia, Letras e Ciências Humanas, Universidade de São Paulo, 2017. Disponível em: http://www.teses.usp.br/teses/disponiveis/8/8149/tde-07052018-120804/pt-br.php.

_____. *Como Ler uma Obra Fragmentada: Apontamentos Sobre o Caso Alvarenga Peixoto*. Tese (Doutorado). Faculdade de Filosofia, Letras e Ciências Humanas, Universidade de São Paulo, 2019.

_____. "Construindo um Autor Colonial na América Latina". *Revista de Estudos de Cultura*, vol. 4, n. 12, pp. 99-110, 2018.

_____. "Entre a Espada e a Pena: Violência de Estado e Poesia nas Celebrações da Inauguração da Estátua Equestre de D. José I". *In*: Ferreira, A. *et al.* (org.). *Pelos Mares da Língua Portuguesa 3*. Aveiro, Universidade de Aveiro, 2016, pp. 555-561.

_____. "Legitimação da Violência do Estado Pombalino na Poesia Atribuída a Alvarenga Peixoto". *Studia Iberystyczne*, n. 15, pp. 31-42, Cracóvia, 2016.

Spina, Segismundo. *Introdução à Edótica: Crítica Textual*. São Paulo, Cultrix, 1977.

Starling, Heloísa Maria Murgel. "Visionários: A Imaginação Republicana nas Minas Setecentistas". *Revista USP,* n. 59, pp. 54-71, 2003.

Teixeira, Ivan. *Mecenato Pombalino e Poesia Neoclássica: Basílio da Gama e a Poética do Encômio*. São Paulo, Edusp, 1999.

_____. *Obras Poéticas de Basílio da Gama*. Ensaio e edição crítica de Ivan Teixeira. São Paulo, Edusp, 1996.

_____. "Peixoto (Inácio José de Alvarenga)". BIBLOS: *Enciclopédia VERBO das Literaturas de Língua Portuguesa*. Lisboa/São Paulo, Verbo, 2001, vol. 4, pp. 19-23.

Topa, Francisco. *Quatro Poetas Brasileiros do Período Colonial: Estudos sobre Gregório de Matos, Basílio da Gama, Alvarenga Peixoto e Silva Alvarenga*. Porto, Edição do Autor, 1998.

Torres, Alfonso de. *Ejercicios de Retórica*. Alcañiz-Madrid, Laberinto, 2003.

Valle, Ricardo Martins. *Entre a Tradição e o Novo Mundo: Um Estudo sobre as Obras de Cláudio Manuel da Costa*. Dissertação (Mestrado). Faculdade de Filosofia, Letras e Ciências Humanas, Universidade de São Paulo, 2003.

Varnhagen, Francisco Adolfo de. *Florilégio da Poesia Brazileira ou Collecção das Mais Notaveis Composições dos Poetas Brazileiros Falecidos, Contendo as Biografias de Muitos delles, Tudo Precedido de um Ensaio Historico Sobre as Lettras no Brazil*. 2. ed. Rio de Janeiro, Academia Brasileira de Letras, 1946.

[Verney, Luís António]. *Verdadeiro Metodo de Estudar, Para Ser Util à Republica, e à Igreja: Proporcionado ao Estilo, e Necesidade de Portugal. Exposto em Varias Cartas, Escritas polo* R.P.*** *Barbadinho da Congregasam de Italia, ao* R.P.*** *Doutor na Universidade de Coimbra*. Valença, Oficina de Antonio Balle, 1746, 2 t.

Veríssimo, José. *História da Literatura Brasileira: De Bento Teixeira (1601) a Machado de Assis (1908)*. 4. ed. Brasília, Editora da Universidade de Brasília, 1963.

TÍTULO	*Obras Poéticas de Alvarenga Peixoto*
ORGANIZADOR	Caio Cesar Esteves de Souza
APRESENTAÇÃO	Kenneth Maxwell
	(Tradução: Rafael Rocca dos Santos)
PREFÁCIO	João Adolfo Hansen
EDIÇÃO E PROJETO GRÁFICO	Plinio Martins Filho
DIAGRAMAÇÃO	Adriana Garcia
REVISÃO	Caio Cesar Esteves de Souza
PRODUÇÃO	Aline Sato
FORMATO	18 x 27 cm
TIPOLOGIA	Bembo 12 / 16 pt
PAPEL	Pólen Soft 80 g/m^2 (miolo)
	Reciclato 180 g/m^2 (capa)
NÚMERO DE PÁGINAS	240
IMPRESSÃO E ACABAMENTO	Lis Gráfica